犠牲者120万人

祖国を中国に奪われたチベット人が語る侵略に気づいていない日本人

ペマ・ギャルポ
པདྨ་རྒྱལ་པོ་

ハート出版

《共産中国に飲み込まれた他民族の領土》

※黒地部分が本来のチベットの領土

《共産中国下のチベット》

※ *1949* 年以降

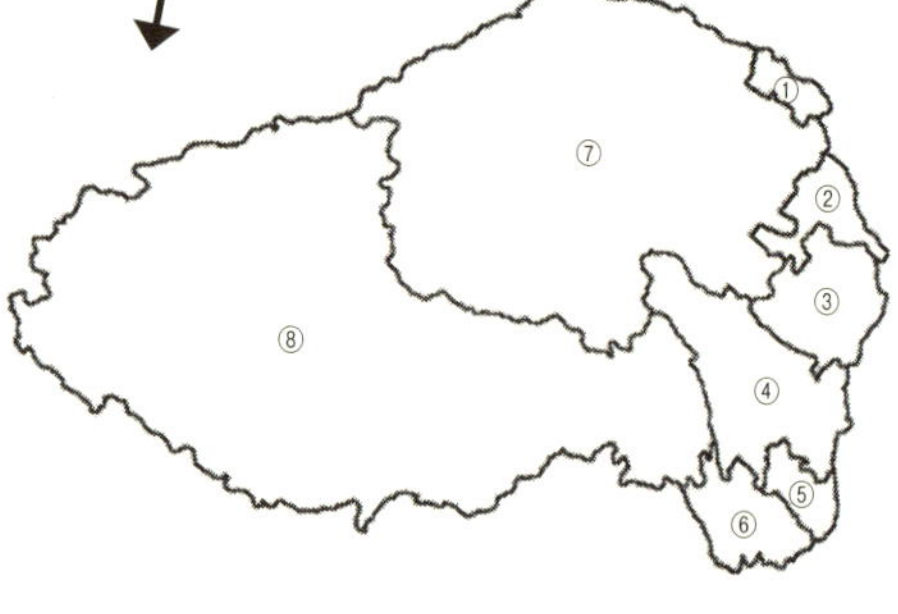

①天祝チベット族自治県：1950 年甘粛省併合
チベット名：パリ
②甘南チベット族自治州：1953 年甘粛省併合
チベット名：カンロ
③阿壩チベット族自治州：1955 年四川省併合
チベット名：アバ
④甘孜チベット族自治州：1957 年四川省併合
チベット名：カンゼ
⑤木里チベット族自治県：1955 年雲南省併合
チベット名：ミリ
⑥迪慶チベット族自治州：1957 年雲南省併合
チベット名：デチェン
⑦青海省：1955 年併合
チベット名：アムド
⑧チベット自治区：1965 年併合
チベット名：ウ・ツァン

はじめに

私は約半世紀にわたって、ここ日本国で生活し、その過程では多くの人にお世話になり、また、素晴らしい日本社会の道徳、倫理、伝統的価値観から、深く学ばせていただいてきた。しかし、同時に、その素晴らしい日本社会を、日本人自身の手で破壊しようとする傾向も、特に八〇年代以後に見えてきたようにも思う。

その結果、今の日本社会は、本来日本が持っていた公共性や道徳、また価値基準を失いつつある。

かつて日本には、社会のさまざまな対立や矛盾を、法律や金銭ではなく、お互いの対話を通じた相互理解で解決するべきだという精神、日本のことわざで言えば「罪を憎んで人を憎まず」という心があった。だからこそ「裁判沙汰」という言葉は決していい意味で使われていたのではなかった。しかし、今や、個人も組織も、ときには言論機関さえも、自分の正しさを裁判や法律にゆだねてしまう傾向が出てきた。昨（平成二九）年一二月に、NHKの受信料についての最高裁判決が下され、受信料支払いは義務であることが確定したとのことだが、NHKの放送内容がそれにふさわしいものであるかどうかについての真摯《しんし》な議論は、そこにはなかった。

多くの外国人が尊敬し、うらやむ日本社会の秩序や倫理は、決して法律や警察、そして裁判といった外的なある種の圧力で保たれてきたのではなかった。そこには、伝統によって立つ社会の道徳や倫理があった。それが「自由」「個性」「プライバシー」そして「国際化」といった掛け声のもと、どんどん破壊されていったのが、八〇年以後の日本の潮流だった。

しかし、その流れは本当に日本社会を自由な、開かれたものにしていったかと言えば、そうではなく、逆に、どんどん伝統的な価値観を喪失し、国際的には閉じた、閉塞した社会にしていったのではないだろうか。最近のマスコミの報道を見る限り、取り上げられている問題の多くは、相撲界のことであれ、政治家のスキャンダルであれ、確かに法的には問題があるのかもしれないが、いずれも私から見れば些末な、今の日本が正面から取り組むべき問題とは、とても思えないものが多い。今、北朝鮮情勢が緊迫し、中国が覇権主義を強め、かつアメリカがやや内向きになりつつある中、果たして、今マスコミをにぎわす多くの記事が、まず第一に日本国民に知らせるべきものなのだろうか。

そして、国際社会についての報道内容にも疑問がある。多くの報道によれば、日本政府は中国が現在主導している「一帯一路」政策を支持する方向だという。祖国チベットを中国に奪われた私から見れば、この政策は、中国の世界制覇、中華思想の野望を如実に示したものであって、単なる経済政策ではない。現在の安倍政権を批判し、時には非民主的だとすら決めつけている新聞社までが、なぜ、中国という巨大な独裁体制に追従しかねない日本の姿勢を何ら批判しないのか、私には理解しかねる。これまでも日本は「日中友好」の美名のもとに、経済支援によって独裁国家・中国を強大にしてしまった。私は、ふたたび同じ過ちをこの日本に犯してほしくはないのだ。

また、かつて、富の再分配による実質的な福祉国家を実現していたはずの日本社会は、今は声の大きな、組織に属する人たちの権利のみが守られ、声なき社会的弱者たちには冷淡な社会になりつつある。聞くところによれば、高齢者はたとえ一定の資力があっても単独ではアパートを借りることも難しくなり、まるで社会のお荷物や、ひどい場合は貯金を抱えた特権者のように語られることすらあるという。この本で私は、来日した一九六〇年代に私を温かく迎え、育ててくださった日本の方々に深い感謝と御礼を記している。彼らの世代が今、社会のお荷物のように扱われていることは、私にはどうしても納得がいかない。

一九六〇年代の日本では、戦争を体験していた大人たちに、大東亜戦争の敗戦から立ち直り、日本をもう一度立て直そうという気概があった。私はこの人たちの温かい支援を受け、日本の歴史への誇りや、アジアの歴史への公正な歴史観を学んだ。そして、学生や若い人たちの中には、当時の時代の影響を受けて、ベトナム反戦や、共産主義革命の情熱に燃えた人たちもいた。私は、実際の中国共産党支配を知っている人間として、彼らの、特に共産主義に対する現実認識の甘さには批判的だった。しかし同時に、世の中について、政治について、彼らなりの理想を持ち真摯に行動しようとする姿勢は、決して理解できなかったわけではない。そこには、それぞれの理想も正義もあった。

私は今こそ、ここ数十年で日本が失ってきた道徳、倫理、伝統、そして正義と価値観を取り戻すべきときに来ていると信じている。本書は何よりも、その私の思いと、私を支えてくれた人たちと時代への感謝の念によって書かれたものだ。そして今、中国や北朝鮮の脅威を通じて、国際社会の厳しい現実に気づくとともに、アジアにこのような事態をもたらした、戦後の歴史観全体をもう一度見直す中で、近現代史における日本の役割を再認識し、さらに未来につなげていこうとする動きが、特に若い世代を中心に起きてきていることに期待している。

日本は本来、国際社会において、正しい立場で、平和の実現と、それぞれの地域の伝統に沿った形での秩序ある民主化、そして各民族の自決権の確立に向けて、貢献できるだけの国力を持つ国である。それは、過去の日本の歴史が証明していることであり、未来の日本も再びこの役割を果たすことができるはずだ。それは同時に、日本国内において、全ての国民が、衣食住、そして医療における恩恵を十分に受けるような社会の実現にもつながっていく。それが、高度な倫理観を持った日本社会の確立と、伝統に根差した日本国の復興である。私はチベットに生まれ、今は日本の国籍を持つ人間として、そのことを心から祈っている。

最後に、この本を世に出す機会を与えてくださったハート出版の日高裕明社長、編集部の西山世司彦さん、ハート出版にこの本の企画を提案してくださった藤田裕行さん、そして、編集、資料調査などでお世話になった評論家の三浦小太郎さんに感謝します。

一冊の本が出来あがるのには、多くの人たちの助けがいる。日本語で私が最も美しい言葉と思う「おかげさまで」という言葉を、本書に関わってくださった全ての人たちに御礼の言葉としてささげたい。

平成三〇年一月

ペマ・ギャルポ

目次

第三章　失われた日本の文化、言語、国家観

第四章　「国際化」の流れの中で国際感覚を失った日本人

第五章　チベット人が見た覇権国家・中国

第六章　歴史問題と日本の自己責任

第七章　大東亜会議の意義

第八章　日本の難民問題と憲法改正

第一章　私の原風景「六〇年代の日本」

チベットからの留学生

私が初めて日本の地を踏んだのは、昭和四〇（一九六五）年一二月一一日だった。この運命の日だけは、忘れっぽい私も、間違いなく思い出すことができる。そのとき、まだ一二歳だった私は、木村肥佐生《ひさお》先生、丸木清美《せいみ》先生、倉前盛通《もりみち》先生をはじめとする当時のチベット支援者のお力で、日本に留学生として迎えられたのだった。しかし、当時の私は日本のことなど何も分からない少年に過ぎなかった。

私はまず、日本という国、日本文明という素晴らしい文明との出会いから話を始めたい。この時代の日本社会のさまざまな美徳、そしてその後の変遷を考える上で、当時の私の想い出は多少は参考になるはずだ。そしてさらに言えば、異なる民族が異文化と接触するときに、どれほどの誤解や、衝突が生まれるかも、私のささやかな経験から、読者の方々は学ぶこともできるだろう。

当時、日本では、まだまだ外国旅行は一部の国民しか体験できないものだった。空港では、旅立つ人々や団体が、万歳三唱で送られるような風景が見られた時代である。その羽田空港に、私たちチベット難民少年の一団が降り立ち、お迎えに来てくださった木村先生が「自分はダワ・サンポだ」と、チベット語で挨拶してくださったときから、私の日本での生活は始まった。

著者の家族たち（右端が著者）

木村肥佐生先生は、戦前・戦中、モンゴル・チベットに潜入、さまざまな活動につき、戦後も私たちチベット人難民支援のために尽力された方だ。「ダワ・サンポ」とは、現地で先生がチベット名として使っていたもので、私たちはこの言葉になにか懐かしいものを感じ、ほっとしたことを覚えている。実はそのとき、私たちは木村先生が、言葉も、たたずまいも、本当のチベット人だと思っていた。それほど、木村先生は体でチベットを知っていた人だった。しかし私はそのとき、とんでもないことを言ってしまった。

「ここから人力車を頼んでください」

私としては、いかに自分が賢く日本のことをよく知っているかを示すつもりだったのだが、逆に木村先生たちは、私たちが全く何も知らないことに驚かれただろう。木村先生は笑いながら、「今は、人力車は使わないよ」と言いながら、私たちをバスに案内してくれて、丸木先生の病院のある埼玉県毛呂山町《もろやま》に向かった。

失望と疑いの日本初日

丸木清美先生は、埼玉医科大学の創設者で、チベット難民支援にも熱心だった医学者である。丸木先生は、私たちを日本に呼んでくれたスポンサーでもあった。

毛呂山町への道路は、まだほとんど舗装されていなかったが、当時は日本でもそれが普通だった。バスの中で木村先生は、私たちに「これからあなたたちは、旦那様に挨拶に行きます」と言った。「旦那様」とは、ここではスポンサーという意味である。

毛呂山町に着くとすぐ、私たちは丸木先生の家に案内された。そこで最初にお会いした先生は、冬なのに浴衣のようなラフな格好をしていて、最初はこの人は用務員かお手伝いさんか誰かで、「旦那様」とはまた後でお会いできるのだろうと勝手に思い込んでしまった。

そして、そのとき初めて、私たちは日本のお茶をふるまわれたのだが、そのお茶碗を見ると、お茶が半分くらいしか入っていない。チベット人は、いや、これはインド人もそうなのだが、お客にお茶を出すときは、カップになみなみと注いで出す。その瞬間、今思えば本当に失礼な話だが、これは到着早々縁起が悪い、自分たちの願いは半分しかかなわないという前兆に違いないと思い込んでしまったし、何よりも、こんな小さな茶碗に、しかも半分しか注がないとは、なんと日本はけちな国だと思ってしまった。

しかも飲んでみると、それは私の知っているお茶ではなく、何か苦い薬を飲まされているような気がした。チベットでお茶と言えばバター茶のことだ。お茶にバターと塩を入れて作る。もし日本人が初めて飲んだら、到底お茶とは思えず、むしろスープのようなものだと感じるだろう。チベット人はこれを一日に何杯も飲む。「お茶」一つとっても、民族によって全く違ったものになってしまう。これが最初の「カルチャーショック」だった。

丸木清美先生（左から二人目）

もちろん、これには理由のあることなのだ。高山地帯に住むチベット人は、乾燥した気候で失われがちな水分、脂肪分、塩分を採るために、このようなバター茶をたくさん飲む。日本ではその必要はないし、逆に日本の気候には日本のお茶が一番合う。私も、今では、暑い夏も寒い冬も、日本の温かいお茶で、のどを潤している。しかし、私の記念すべき日本第一日目の印象は、こうして失望と疑いのうちに始まったのだった。

カルチャーショック

その日の夜は、私たちは宿舎に行ってそこで休んだ。しかし、翌朝起きてみてさらに驚いたのが、周りの看板や家に漢字がたくさん書いてあることだ。今思えば当たり前だが、当時は、「私たちは裏切られたのではないか。中国人たちが周りにいるのではないか」と本気で思ってしまった。そしてほかのチベット人を起こして、「もしかしたら私たちは騙されているのかもしれないから気を付けよう」、そして、「私たちが疑っていることを彼らに悟られてもいけないから、言動には注意しよう」などと言って回った。今思えば本当に何も知らなかったのだが、当時は本気で心配していたのだった。

そんな私たちは、まずこの日は病院に連れていかれた。すると、昨日は用務員か何かと思っていた人が、院長室できちんとした服装をして迎えてくれたので、やっと、この方が私たちのスポンサー、丸木清美先生だということが分かった。丸木先生は余計なことは何もしゃべらなかったが、当時の部長さんだった北沢さんという方が、これからはこの院長先生と自分たちがあなたたちの面倒を見るから、何も心配することなく、日本で頑張って勉強してほしいという意味のことを語った。

そして健康診断をすることになって、レントゲンから何から全部診ていただいた。そして、歯の検査で、歯医者さんが、一つ一つの歯をコンコンと叩いたときに、私はあることを思い出した。チベットでは馬を売るときに、その口を開けさせて歯を調べて健康状態を診る。その上で、この馬なら牛何頭、ヒツジ何頭と交換できるとか交渉するのだ。私はその馬の姿が思い浮かび、何となく自分たちは家畜同然、非人間的に扱われているように思ってしまった。

そして夜になって、病院の大浴場で入浴することになった。しかし、チベット人には人前で裸になるという習慣はほとんどないし、このようにみんなで湯船につかる習慣もない。どうしていいか分からずにいると、当時中央大学の学生で、英語が堪能だから私たちの面倒を見てくれることになった矢沢先生という方が、目の前で突然裸になって、私たちにも風呂につかるように言った。私たちはどうにも恥ずかしいし、何か行儀が悪いような気がして、パンツをはいたまま湯船につかった。そうしたら今度は、湯船からあがるのが恥ずかしい。それで、とうとう湯船の中でのぼせて倒れてしまった。

このことが有名な話になって、チベット人はお風呂に入る習慣はない、という意味の漫画を、当時の新聞か何かに描かれてしまった。別に私たちはお風呂に入る習慣がないわけじゃなくて、インドでもシャワーとかはいくらでも浴びていたのだが、日本人のように毎日のようにお風呂には入らない。そして、人前で裸になるというのは、私たちチベット、いや、インドにおいても、偉大な聖者やヨーガ行者、もしくは、言葉は悪いが、着るものもない貧しい乞食やホームレスということになる。しかし、日本人は裸になって一緒に入浴するのは当たり前のこと。これもまたカルチャーショックの一つだった。

でも、おかげで後に私たちが日本の学校に入ると、同級生たちに、チベット人たちはお風呂にも入らない不潔な民族だと思われてしまったのか、鼻をつまむ仕草でからかわれた。でも、私はからかわれていること自体が分からないから、これも日本の挨拶の仕草なんだろうと思って、職員室に呼ばれたときに、校長先生や教頭先生の前で、挨拶のときに鼻をつまんで「おはようございます」と言ってしまった。先生方は怪訝《けげん》そうに、「それはチベットの挨拶の仕方ですか」と聞くので、「いや、これは日本の挨拶の仕方だと思いました」と理由を話したら、先生は、「そんなことを誰が教えたのか」と、私をからかった生徒を呼んで叱ってくれた。

ラーメンと餃子が日本のごちそう

あともう一つ困ったのが、お正月のおせち料理だった。私たちが日本に来て一カ月も経たないうちにお正月を迎えることになった。特に大晦日の日に、町中が沸き立ち、神社に夜遅くたくさんの人が初詣に訪れる姿に、私たちはチベットのお祭りを見るように興奮して、日本語も分からないのにわくわくして神社に参拝した。しかし、翌日元旦になると、町は静まり返っている。これも今思えば、お正月はどのお店も皆休むのだから当たり前のことなのだが、私たちはゴーストタウンに取り残されているような思いがした。

そして、お正月だから、先生方は私たちの元旦の食事に、おせち料理とお餅を出してくれて祝ってくれたのだが、私たちチベット人は、まず、おせちのような冷たい料理を食べる習慣がない。そして、基本的におせちに出てくるゴマメのような小魚は食べるのがタブー。お餅も、今はこれがなければお正月じゃないくらいに好きになったが、初めて食べたときは、お雑煮の餅がいつまでたっても噛み切れず、ゴムのような不思議な食べ物を出された気がした。

これは、お正月のごちそうは日本人たちが食べて、その残り物を私たちに出しているんじゃないかと、私たちは本気で考えてしまった。とうとう皆我慢できなくなって、このまま黙っているのはよくない。日本語の辞書持参で、矢沢先生に、みんなで抗議に行こうということになった。

私は辞書で「豚」「餌」という言葉を指して、この食事では、私たちはまるで残り物を出されたような気がする、と真顔で文句を言ってしまった。最初はもちろん先生も、これこそ日本のお祝いの料理なのに、なんと無礼な奴らだと怒ったが、話しているうちに、これも習慣の違いなんだと分かってくれて、それじゃあ君たちは何が食べたいのだ、と聞いてくれた。私たちは、とにかく温かい肉の料理が食べたいと答えたら、私たちを車でわざわざ隣町の中華料理屋まで連れて行ってくれて、ラーメンと餃子を食べさせてくれた。そのあとしばらくの間は、私たちにとって外食のごちそうはラーメンと餃子に決まってしまうほど、あのときはおいしく感じたし、今もあの味は忘れられない。

この話を聞いて、木村先生は、大きな羊のモモ肉の塊を私たちに送ってくれて、これを塩でゆでて、みんながナイフで切り分けて食べることができた。これも本当にありがたかった。チベットのような高地では、すぐ料理が冷めてしまうので、皆で取り分けるより、肉は大きくゆでたのをそれぞれ切り取って食べる。だから、子供時代からみんな小刀とかは普通に使う。そのときはほんの一瞬だが、チベットに戻ったような気がした。

だんだん日本について分かってきた

しかし、こういうカルチャーショックを繰り返しながらも、だんだんと私たちなりに分かってきたことがあった。まず、日本人はほとんど毎日、必ずお風呂に入る。ここでは誤解してほしくないのだが、別にチベット人が不潔なわけでも汚れを気にしないのでもない。乾燥した高地では、すぐ皮膚にひび割れができる。それを防ぐには体に油分があったほうがいい。私たちチベット人は、乾燥肉を食べたあと、ごく自然に、手についた油を顔に塗ったりする。もしも同じ環境でチベット人が毎日お風呂に入っていたら、たぶん体がおかしくなってしまうだろう。でも、日本人の場合は、お風呂をはじめとして、単に清潔好きということだけじゃなくて、仕事のあと片付けや管理も含めて、きちんと自分のしたことのあと片付けをし、それがあとの人たちに清潔で整理された職場を引き継ぐことにもつながることが分かってきた。

私たちは少しでも早く日本になじむために、職場に入っていろいろ経験を積もうとして、私はまず、病院のキッチンの皿洗いや配膳と、あとは庶務課の切手貼りのような簡単な仕事をさせてもらった。すると、キッチンで働く人たちは、みんなマスクをして、手袋をはめて仕事をしている。病院だから当たり前とは思っても、私が難民キャンプで病気で寝ていたときのことを思えば、これほど衛生的で、かつきちんと管理されていることには驚愕した。

もっと驚いたのが、ボイラー室の手伝いに行ったときに、ボイラー技士たちが、交代するときに、ボイラーやその周りをきちんと拭いて、汚れを落としてから交代していたことだ。私たちの感覚からすると、ボイラーはどうせすぐ汚れるのだから、掃除なんて週に一回まとめてやればいいのにと思うのだが、日本人はそうではない。まず、自分の仕事が終われば、そのあとをきちんと片付け、次の人に引き継ぐ。同時に、日本人はどんな労働者でもみんな当然のように読み書きができるから、その仕事で注意すべき点や、細かい報告を日誌につけて、交代した人はそれを読んでから仕事に入れる。当時チベットでは、読み書きのできない人は多かったから、日本人にとって当たり前のことが、私たちには大変な驚きだった。

そして、一カ月くらい経つと、私たちの住んでいる毛呂山町の人にも、私たちチベット人留学生のことが知れ渡った。そして、町全体が私たちの面倒を見てくれるような形になって、お店の人たちも親切に対応してくれるし、病院でも、少しでも手がすいている人は、日本語を教えてくれたし、休憩時間には、お茶を飲みながら、日本の習慣について話してくれたりして、私たちはだんだんと、日本に対する理解が深まっていった。

中学生活と「おかげさま」の謎

そして、翌一九六六年四月、私たちは日本の中学校に入学することになった。当時は、日本人は今よりも背の低い人が多く、私たちチベット人のほうが背が高くて朝礼でもいつも列の後ろの方に立っていたことを覚えている。最初の間は、授業について行くのも難しかったが、まだ幼かったこともあるのだろう、日本語もだんだん覚えていき、三カ月くらいで、先生の話はほぼ理解できるようになった。

私にとって、授業で一番難しかったのは数学で、逆に得意だったのは歴史だった。私はチベットから勉強に来た生徒として、どれか一科目でもいいから、一番にならなくてはと思って、もともと歴史は好きだから一生懸命勉強して、中学二年の初めに一〇〇点満点を取ることができた。

そしてもう一つ、二年生の夏休みに、日本のシステムを少しでも早く学びたかったし、学校に溶け込めると思って、私は次期生徒会長に立候補した。そのとき応援してくれたのが斎藤さんという同級生だ。現在ではプロデューサーとして業界で大活躍している人だが、今でも彼は、最初に自分がプロデュースしたのはペマ・ギャルポだと言ってくれている。彼の力もあってか、私は生徒会選挙で、会長に当選することができた。当時は誇らしかったのを覚えている。でも、こうして義務教育の場でも、選挙や生徒会運営で民主主義のやり方に触れていくことは、とてもいい経験になった。これも民主主義国以外ではありえない一つの国民教育なのだから、現場の先生は、子供たちが政治に触れ、学ぶきっかけとして、大事に指導してあげてほしい。

実は、生徒の父兄の中には、外国人を生徒会長にするなんておかしいという不満の声もあったらしい。でも、そんな文句が学校に来たとき、当初は、生徒会長なんかやる暇があったら、お前は勉強に専念しろと言っていた丸木先生が、そんな父兄たちに対し、「何を無礼なことを言うのか。ちゃんと選挙で選ばれたのだから、外国人も日本人も関係ない。私はペマの保護者であり、彼は私の息子と同じだ」と、堂々とかばってくださったことを後に知った。こういう、厳しさと温かさ、なによりも物事の原則をきちんと分かってくださる先生が私たちを応援してくれたこと、これほどの幸せはなかったと今にして思う。

でも、そのようにして日本のことを学ぼう、日本に溶け込もうとしたが、私にはどうしても理解できない言葉があった。それが「おかげさまで」という言葉だった。一日に何度も、日本人は「おかげさまで」という言葉を使う。お元気ですか、と聞かれれば「おかげさまで」。お仕事はうまくいっていますか、と聞かれても「おかげさまで」。この言葉自体はすぐ覚えたが、その意味がどうしても分からなかった。自分が健康なのも、仕事がうまくいっているのも、なんで他人の「おかげ」なのだろう。

そんな中、私が英語の検定試験に合格したとき、きっと丸木先生も喜んでくださるだろうと、はりきって報告に行こうとしたときのことだった。行く途中で、他の先生にお会いしたとき、どこに行くの、と聞かれたから、今回試験に合格したので、真っ先に先生に報告しようと思っています、と答えると、それは本当におめでとう、でも、きちんと先生に「おかげさまで合格しました」とお礼を言うんですよ、と言われた。

そのとき私はちょっと不思議な気持ちになった。勉強して合格したのは僕なのに、なぜ、「おかげさまで」、先生のおかげで合格したと言わなければいけないのか。なぜなんだろうと思いがあったので、のどにつかえたようになってしまって、その言葉をなかなか出せなかった。

でも、この言葉の意味も、時間をかけて考えていくとだんだんと私にも分かってきた。

私がインドから日本に来る前には、第二次インド・パキスタン戦争（一九六五年から六六年にかけて起きた、カシミール地方の領有をめぐる戦争）を体験している。当時インドにいた私たちは、飛行機から爆弾を落とされないように、夜は窓を新聞紙でふさいで暗くして、明かりが漏れないようにしていた。夕方の自習時間に停電があるのも、当たり前のことだった。

でも日本に来てみて、一年以上経っているのに、一度も長い停電がない。空襲も停電もないところで、落ち着いて勉強できたのも、こうして日本に私を迎え入れてくれたスポンサーがいてくださったからだし、今回こうして合格できたのも、自分の努力だけではなくて、私に日本語をはじめとして、いろいろ教えてくださったたくさんの日本の市井の人たちの応援あってこそだった。そう考えると、私の心の中で、単に自分が試験に通ったことだけではなく、日本に来た第一日はあんなに不安で、時には誤解して失礼なことまで言ってしまった自分を、ここまでみんなが支えてくれた。それがどんなに光栄で、幸せなことなのか、心からの喜びを持って受け止めることができた。

何かを成し得たときにも、常に、自分だけの力だと考える傲慢さを捨てて、この結果は、自分を応援してくれた全ての人々の「おかげさま」によるものなのだと受け止める、この言葉の意味が初めて分かった気がして、それからは、私はいつも素直に「おかげさま」という言葉が口から出るようになった。この「おかげさま」という精神が、個々人の生き方だけではなく、これからの時代、世界がどれだけ必要としているものなのか、本書の最後の部分で再び述べようと思う。

素晴らしい日本の公共心

もう一つ驚いたのが、日本人の公共精神。当時は今のような携帯電話の時代ではないから、町のあちこちに、赤電話と呼ばれていた赤い色の公衆電話が置かれていて、人々は一〇円玉を入れては電話していた。私たちチベット人は、その電話を見たとき、絶対に明日にはなくなっているだろうな、と思って、明日の朝、電話機がまだ残っているかどうか、仲間同士で賭けをしたくらいだった。当時のアジアでは、日本以外、たぶんあのシステムは成り立たない。中にはお金が入っているし、電話機自体も貴重なものだから、夜誰も見張っていなければ必ず盗まれるはずだと私たちは思った。ところが、明日も明後日も、赤電話がなくなることはなかった。

もう一つ、バス停や公園のベンチも、盗まれないどころか、いつもきれいに磨かれているし、子供たちの落書きやいたずらもほとんどない。学校でも、当時は木造だったが、生徒も先生もみんな自分たちで雑巾がけをして、学校の門をくぐると、そこには下駄箱があって、ちゃんと外の靴と上履きを履き替える。クラブ活動をしても、たとえ泥まみれになって練習しても、練習が終われればきちんと洗って、次の日には真っ白なユニフォームで再び整列する。

そして、少なくとも私たちの住んでいた町では、家の中に誰かいれば、夜寝るまで鍵をかけないで平気でいるような家も多かったし、だから友達の家であれば、昼、鍵が開いていれば、挨拶をしたあと、勝手にあがっていっても、誰も気にしなかった。それなのに治安はよく、私の知る限り、泥棒や事件など聞いたこともない。町の中も、ごみ一つ落ちていないし、もちろん平気でものを路上に捨てる人もいない。そして、丸木先生への信頼から、私たちが必要なものは、月賦で買えるようになっていた。私は中学生のくせに腕時計を持っていたが、それも、毎月少しずつ払えばいい。こういう秩序と信頼に基づいた清潔な文化は、私たちにとって衝撃だった。

中学校時代の著者。夜の自習中

そして、町全体が私たちを応援してくれたというのは、単に勉強だけではなかった。私たちは英語をインドで学んでいたから、ただ教わるだけではなく、多少、学校の同級生、上級生にも英語を教えるくらいのことはできたが、そんなことからまたお付き合いが広がった。岡部さんというお米屋さんには、その町でたぶん唯一カラーテレビがあった。毎週、プロレス放送があって、私たちは日本のドラマとなると、その会話や風習がよく分からないところもあったが、プロレスなら単純に楽しめる。そのお米屋さんにプロレス放送のある日にお邪魔して、夜お風呂を頂いて（先に述べたように、本当はお風呂は苦手だったが、プロレスを見せてもらうためには、入りなさいと勧められたら断るわけにはいかない）、ジャイアント馬場の試合などを面白く見ていた。

考えてみれば、あの時代のプロレスは、まだある種のナショナリズムというか、日本人がアメリカ人と戦う、という構図が残っていて、見る方も真剣勝負として熱狂していたようにも思う。プロレスについてあまり詳しくない私が言うことなので間違っているかもしれないが、後に八〇年代以後、アントニオ猪木が大活躍しているときのプロレスは、アメリカ的なパフォーマンスに変わっていった。そのとき、プロレスもやはり時代とともに変わっていくのだなと思ったことがある。

生徒会長として文化祭を立ち上げる

ただ、私も一つ、町に貢献できたこともあったと思う。私はインドのミッション系のインターナショナル・スクールで、文化祭を体験していた。でも当時この町、いや、日本全体でも、中学校で文化祭を行うところはまずなかった。私はせっかくだから文化祭をぜひやりたいと思って、学校に申し出たら、そんな前例はないし、そもそも今からでは予算を取れないと言われた。でもそこで、社会科の若い先生が国語の先生を説得してくださり、さらに教頭先生も同意してくださった。教頭先生は、「せっかく生徒からの自主的な意見なのだから、勉強にもなることだし、生徒たちに責任をもってやらせてみてはどうか」と言ってくださった。それで、まず予算を作らなければいけないので、生徒たちに呼びかけて、それぞれの家庭を回って廃品回収をやって、それで予算を賄うことになった。生徒たちはみんな一生懸命集めた。

そして、文化祭の日程は、学校行事ではないから、そのために学校を休みにすることはできない。でも、土曜日授業が終わってから、半日で飾りつけや準備をして、翌日曜日を一日文化祭にして、夕方からあと片付けをすれば、月曜からは問題なく授業が始められる。その約束で学校側も開催を認めてくれて、秋だったと思うが、おそらく日本初の中学校における文化祭を、ついに開催することができた。私たちも、自分たちの住む毛呂山町の歴史を調べて展示したり、チベット料理を作って出したりして、今も楽しい思い出として残っている。

この文化祭には、丸木先生は最初は反対だった。余計なことをやって、生徒たちを巻き込んで、本来留学生は学問第一なのになんてことをしているのか、と怒られたのだが、当日は見に来てくれて、これは御祝儀だと、確か数万円、今だと数十万円にもなる寄付をしてくださった。そして学校側も、文化祭が終わったら、これから片付けでは疲れるし遅くなるだろうから、特別に、明日月曜日は休みにしてもいい、と言ってくださった。

高校生活に忍び寄る学生運動の波

そんな中学校生活を送っていたが、そうこうしているうちに高校進学の時期が来た。私は飯能高校に入学したが、これも、きっと丸木先生のお力あってのことだったと思う。高校は進学クラスと就職クラスに分かれていたので、私は自分から就職のクラスを選んだ。これも丸木先生に、「大学まで行ってきちんと勉強するべきなのに、何で就職クラスを選んだのか」と叱られたが、私は、「とにかく一番になりたいんです。進学クラスでは一番を取るのは難しいが、就職のクラスならなれるかもしれない」と、今思えば幼いプライドを正直に話し、就職クラスに進んだ。

高校の勉強ではやはり数学や理科は難しかったが、逆に、古典とかは得意な方だったと思う。意外なことに、日本の古典の文法とか解釈とかになると、日本人と私たちチベット人に、それほど差はなかった。でも、今思うと、これは本当はおかしなことのようにも思う。日本人は子供の頃から、もう少し日本の古典とかに、ある程度触れておく必要があるのではないだろうか。私たちチベット人は、深い意味は分からなくても、チベットの古い伝説や、仏教について多少なりとも教えられている。この六〇年代でも、すでに日本の古典と若い高校生の間にちょっと断絶があったとしたら、これも戦後の日本の問題点がすでに出てきていたのかもしれない。

タイプライターで原稿を書く著者

そして、六〇年代後半に差し掛かって、当時の日本中の大学同様、高校にも、ある種の学生運動の影響が入ってきた。特に社会科系の先生には日教組系や、学生運動にシンパシーを感じている先生が多くて、生徒の中からも、運動を起こそうとする動きが出てきた。当時の自治会がこの影響を受けて、現場で先生方、校長先生までをつるし上げたりする事件が起きた。

私は、運動の理論以前に、校長先生を大勢でつるし上げるような行動は絶対間違っていると感じたし、余計な政治的問題をこの学校内で授業を妨害してまでやることもおかしいと思ったから、体育の先生や、野球部の生徒たちに協力してもらって、自治会の総会のときにマイクで、こんな一部の運動家が、高校の自治会を占拠しているのはおかしい、彼らの意見に反対する人はこの会場を出て行こう、みんな出てこい、と呼びかけて、とうとう自治会を流会させてしまった。でも逆にいえば、自治会を成立させなかった以上、誰かが責任は取らないといけない。それで、私はとりあえず、臨時の「生徒会」というものを学校に許可を得て作り、委員長になった。高校二年から三年の間は委員長として、そのときも、政治とは関係なく、高校の文化祭を主催した。中には、「外部の過激派学生がつぶしに来るんじゃないか」と心配する生徒もいたが、私は、実行委員会全員に当時の過激派みたいにヘルメットをかぶらせて、「もし文化祭を邪魔するものがきたら実力で斥ける」と宣伝しておいたら、逆に誰も来なかった。ひそかに「作戦勝ちだ」と誇らしく思ったが、それも高校時代のよき思い出の一つになっている。

それからもう一つ、忘れがたい思い出は、これも丸木先生の紹介で、静岡にアルバイトに行ったことだ。当時は高校生、しかも私たちは留学生だからバイトをやってはいけないのだが、たぶん、研修という名目でやらせてもらったのだろう。大きな農場を経営している農園主の所で、畑仕事や、鶏の世話などを少しして、あとは、海岸で花火をしたり、楽しいひとときを過ごさせてもらった。でも一つだけ困ったのは、鶏が朝、卵を産んでいるかどうかをチェックする仕事だ。二日間続けて卵を産んでいない鶏に印をつけるのだが、あとで絞めて肉にされることになる。これが嫌で嫌で、こっそり卵の場所を入れ替えたりして、できるだけ鶏たちの命を助けようと試みた。でも、最後の送迎会で、たくさんの焼き鳥が出てきたときは、ちょっと複雑な気持ちになってしまった。

養鶏場にて

チベット服を着た高校時代の著者

古き良き時代、そして地域コミュニティへの感謝

高校卒業後、私は亜細亜大学に進むことになるが、日本に来てからの数年間、あくまで埼玉の一地域での経験に過ぎないかもしれないが、私は当時の日本の一番いい面に触れながら青春時代を過ごせたことを、今は深く感謝している。

当時は、まだまだ、戦前、戦中の記憶が社会の中に生きていた。そこからくる、敗戦で一度は斃《たお》れたこの日本社会を再建するのだという強い意識が、政治家や知識人だけではなく、ごく普通の人たちの間にもあった。例えば、当時海外に行ける人はまだまだ少なかったが、その人たちは、単なる観光意識で物見遊山に行くだけではなかった。「海外視察旅行」という言葉が生きていて、ロータリークラブや、企業家、県議会、町議会議員などが旅行に行くときも、当時は確か五〇〇ドル以上は持ち出せない決まりがあった。でも、出かける前には、周囲の人たちがお餞別のつもりでそっとお金を渡して、それを隠して持っていっては、外国のたばことか、ジョニーウォーカーというウイスキーとか、必ずそういうお土産を持って帰ってきて、報告会が行われた。その内容は、今聞けば大したことはない、本場の食事の話とか風景の話に過ぎないかもしれないが、当時は、外国が今どういう国なのか、少しでも知識を増やしたい、また、訪れた人もその体験を伝えたいという真剣な思いがあった。

そして、真剣さの中にも、心のゆとりというものもあった。私たちが学校に行く途中、畑仕事をしている老夫婦とか、自転車で道を行く人たちとか、必ず笑顔で挨拶を交わしてくれる。挨拶というと簡単なことのように思うかもしれないが、それは形だけの挨拶ではなく、毛呂山町全体がコミュニティ、きちんとした共同体で、その中でお互い同士がコミュニケーションがしっかりとれていたことの象徴でもあった。また、土日には、大人たちが消防団の集まりや、お寺や神社でのお参り、会合など、町の人たちが集まる催しがしばしばあり、それも大切な役割を果たしていた。

そして私たちチベット人に対し、町の人たちも、また、支援者や学校の先生たちも、心から同情して応援してくれた。それは、単に日本人の優しさだけではなく、戦争、もっと言えば敗戦を体験していたからこそ、私たちが国を失い、戦時下に難民として逃れてきた気持ちを分かってくれていたからだと思う。

そして、この時代に私が知った日本の良さと、それが時代の流れとともに、どう変質してしまったのか、というのが本書の大きなテーマとなる。しかし、まず私はこの第一章で、私を育んでくれた丸木院長先生をはじめ、埼玉県で過ごした素晴らしい思い出を、感謝と共に書き留めておきたかった。

毛呂山中学校の文化祭のとき。左端が著者

中学校卒業式において答辞を読む著者

小さな親切運動大会にてスピーチをする著者

第二章　チベットの悲劇と日本

日本人によるチベット研究史

　ここで少し日本のことを離れ、私が日本にやってきたのはなぜか、そして、わがチベットはどのように滅ぼされてしまったか、その後チベットはどう戦い続けたか、そして、いまだに独立を果たし得ず、民族自決権を持つこともできない状況にある現状について述べていきたい。もしもチベットが独立を守れたままであれば、私がこうして日本に来ることはなかっただろう。そして、なぜチベットが中国の侵略に打ち勝てなかったのかという問題は、日本にとっても決して無縁ではないはずだ。

　まず、チベットと日本の関わりについて触れておきたい。私が日本に来た頃、そして八〇年代の初めくらいまでは、チベットに関する本を日本で探すことも難しかった。その時代、日本ではまだ開発されていない地方のことを「日本のチベット」などと呼ぶこともあったくらいだ（もっとも、私は特にそれを差別だとか不愉快だとか思ったことはない）。そのせいか、まるで日本とチベットは最近までほとんど縁も交流もなかったかのように思われているようだが、実は日本とチベット両政府の深い関係が、いくつも歴史にとどめられている。これは、当時チベットが独立国であった証でも、また、戦前の日本が極めて広い見識で外交を行っていたことの証拠でもあるので、ここで改めて確認しておきたい。

戦前、最も著名なチベット研究者は、やはり一九〇一年、日本人で最初にチベットの首都ラサに入った河口慧海《えかい》であろう。彼は身分を偽り、中国人としてチベットに入り、後に詳細かつ冒険心溢れる旅行記『西蔵旅行記』を著してベストセラーとなった。

しかし、ここで忘れてはならないのは、河口と同時期、一八九七年に日本を出国した成田安輝《あんき》である。彼は、政府の密命でチベット及び周辺の情勢を調べるためにチベットを目指し、河口に遅れること約九カ月でラサに到着している。ここで興味深いのは、河口と成田は、インドの東西から別ルートでチベットを目指していることで、この方法は実は諜報機関の行動パターンなのだ。同時期に別々の方向から潜入し、互いに連絡を取り合い、一方が失敗した場合は他方が報告の責任を持つ、というのは諜報活動の基本である。河口はチベット仏教の調査研究を目的としていたとされているが、おそらくそれだけではない。

チベットのラマ姿の河口慧海

一八九七年という時代は日清、日露戦争の中間期であり、日本は中国のみならずアジア全域で情報を収集していた時期だった。

河口、成田両名は中国人としての「偽装入国」だったが、その後、河口の旅行記に感動した元陸軍軍人・矢島保治郎《やすじろう》は、アジア横断無銭旅行を志し軍を除隊、一九一一年チベットに入国、一時帰国するが一二年再入国した。このとき彼を支援したのが川島浪速《なにわ》で、彼は満洲、モンゴルの独立運動の支援者でもあった。矢島はダライ・ラマ一三世に気に入られ、一三年にはチベットの軍事顧問として迎え入れられている。当時チベットに強い影響力があったイギリスの記録には、矢島の訓練したチベット軍部隊は優秀で、辛亥革命後、中国軍をチベットから追い出すために活躍した、と記されている。それだけではなく、矢島はダライ・ラマ法王の身辺警護や、近衛兵の訓練にもあたり、またチベット人女性と結婚して一子をもうけた。一九一八年、矢島は妻子と共に日本に帰国した。息子は大東亜戦争で戦死している。靖國神社には、このような英霊も祀られていることを日本の方々は知ってほしい。

チベット時代の矢島保治郎

他にも、青木文教《ぶんきょう》は仏教大学（現・龍谷大学）在学中の一九一二年、西本願寺法主・大谷光瑞《こうずい》の命でチベットに派遣された。チベット国旗をデザインしたのは、矢島保治郎という説とこの青木文教だという説がある。また多田等観も同年チベット入りしているが、これは日本とチベットの「仏教徒的協力」をテーマとしていた。

他にも、大谷探検隊の支援者であり、僧侶でかつ第一次近衛内閣では植民地統括を担当する拓務大臣を務めた大谷尊由《そんゆ》は、一九〇八年、ダライ・ラマ一三世と山西省で密会し、清国の圧力を受けるチベットを日本が支援するよう求められている。

日本はチベットに対する領土的野望は全くなく、同時にチベットは、チベットを圧迫する清国、そして世界最強と言われたロシア軍を連続して破った日本国に対し信頼を寄せていた。そして辛亥革命後、清国に変わって成立した中華民国もまた、チベットに対しては覇権主義を露にし、チベットはますます日本に協力を求めるようになる。それについて、一九〇八年、英国保護領シッキム藩王国の政務官となり、ブータンやチベットにも影響力をあった、イギリス外交官のチャールス・ベルは、その著書『西蔵――過去と現在』の中で次のように記している。

「日清・日露の両戦役の結果、島帝国日本の発展に、チベットは多大の関心を払うようになった。しかも、民族から云っても、宗教から云っても、相互に関連のいることを、自然欣快とするようになったのである。(中略)チベット人が日本の事情について知り得たことは、わずかにチベット在住の少数日本人から得たに過ぎなかった」

この記述からは、日本とチベットの当時の相互の連帯意識の芽生えと共に、「少数日本人」

の伝えた情報がチベットに影響を与えていたことを伺わせる。本書の記述はさらに続く。

「支那を旅行すれば、日本の勢力がすでに牢固として抜くべからざるものであることがわかる。モンゴルではチベット人は未だ本国にあると同じ思いが味わえるが、日本の権勢威望がここにも確立している事実を知るのである。しかし日本は、本質的に正当と認める目的達成に実力を行使していたのである。北方からする赤禍《せっか》の侵入を堰き止めようと努力していたのである。かくてチベット人は日本の実力を知り讃仰《さんごう》するに至ったのである」

これは、今中国から一方的に「侵略」と呼ばれている日本の満洲、モンゴルにおける行動が、当時のアジアでは全く別の視点から考えられていた一つの証拠である。しかも、これはイギリス外交官が客観的な立場から指摘しているのだ。中国こそは、清国の時代、中華民国建国時から、チベットに対しては潜在的な侵略国家であった。中華民国と戦うための武器を、チベットは一時モンゴル経由で日本から入手している。

大谷尊由

同時にチベット側も、日本がアメリカやイギリスの対日経済封鎖政策（ＡＢＣＤ包囲網）で、国内の物資が極端に不足していた大東亜戦争前夜、アメリカに売却予定だった羊毛を日本へ大量に送っている。これは善意だけによるものではない。満洲、モンゴルで「赤禍」であるソ連や中国共産党勢力と対峙するためには、日本軍には冬季の防寒具として大量の羊毛が必要であり、これはチベットの国益にもかなうことだったのだ。

木村先生とチベット改革派の挑戦

ここで、前章でも触れた、私の恩師でもある木村肥佐生先生が登場する。木村先生は、もともとはウイグルから中央アジアに潜入し、ソ連経由で蔣介石に流れていた支援ルートを調査する予定だった。一九四三年一〇月、当時二一歳の木村肥佐生先生は、モンゴル人巡礼者ダワ・サンポと名乗り、内モンゴルを出発している。当時の情勢を、木村先生は次のように書いている。

「アメリカ、イギリスは、ソ連の北極海に面した不凍港ムルマンスクに物資を陸揚げし、シベリア鉄道、トルクシブ鉄道を通じてそれをアルマアタの北方アヤグースに運び、そこからさらにトラックで、新疆《しんきょう》、甘粛省を経由して重慶へ搬送していた。いわゆる西北公路である。日本空軍はその爆撃を計画したが飛行距離があまりに長く、結局一度も実行されなかった。一方、関東軍や北支方面軍を中心に、日本人、中国人、蒙古人の情報員が何人も派遣されたが、ほとんど消息不明となり、無事に帰ってきた話を私はついぞ聞かなかった」(『チベット潜行十年』)

現地での行動は困難を極め、木村先生は結局、モンゴル経由でチベットを目指すことになった。しかし木村先生がラサに到着した一九四五年九月の時点で、すでに日本は敗戦を迎えていた。木村先生はその情報をチベットで聞き、さらに、インドの映画館でのニュースフィルムでも確認している。そこに映し出された東京の情景を、木村先生は次のように記した。

「映しだされたのは廃墟だった。英語のナレーションはほとんどわからなかったが、展開されるシーンを見ればいわんとすることは明らかである。最初に映しだされたのは完全に焼け野原になった東京を航空撮影したものである。形を留めているのは皇居だけだった。かつて大東亜共栄圏政策を誇らしげにもぶちあげた東條英機首相は自殺未遂、米軍のＭＰの傍らにあってひときわみすぼらしく、萎縮して見える。それに続く画面では、日本兵が日本兵としてはありえざる行為を行っていた。自ら武器を敵軍に渡して投降していたのである」

「ニュース映画のなかでも最悪だったのは、焼け野原になった都市の貧困さであった。ぼろを着た人々が必死になって廃墟の中を生きぬこうとしている。日本が誇る新しい工業文明はどこへ行ってしまったのだ?」

(『チベット　偽装の十年』)

しかしこの絶望感に陥った木村先生は、チベットで、プンツォク・ワンゲルという若者に出会い、共感することになる。実は彼は中国の支配にも断固抵抗していたが、同時にマルク

木村肥佐生

ス主義にも共感していた。しかしそれは、あくまでチベットの近代的な改革を目指すものだった。その後の多くの第三世界の民族運動家にも見られた傾向だが、民族主義と独立への意志は、古い前近代的な社会を改革しようとするとき、しばしばマルクス主義や社会革命の理想と結びついたのだ。

木村先生は、当時のチベットは優れた文明を有してはいるが、やはり鎖国的で、国内では貴族階級や僧侶が実権を握る封建体制であることも事実であり、このままでは、今後起こりうる中国をはじめとした外国の侵略に抵抗できないと考えた。そして同時に、全てのチベット人は、当時の日本国民が天皇陛下を尊敬するように、ダライ・ラマ法王を尊敬している。木村先生は、かつて日本の明治維新が天皇陛下への尊皇心によって成功したように、チベットにおいても同じような改革が可能だ、とプンツォク・ワンゲルに提案している。

「チベットは一八六七年の明治維新が起こる以前の封建社会の日本によく似ていると私は思っていた。明治維新の特異な点は、王政復古、つまり天皇が再び権力の座につくことと、政治制度の抜本的な改革が同時になされたことにある。チベットも日本も鎖国している間に独自の文化を生みだした。しかし日本は近代化するにあたり、西洋の技術と知識の中から有益なものだけ吸収する一方、賢くも独自の文化を維持しつづけた。明治天皇をダライ・ラマ法王に置き換えれば、チベットを封建社会から近代的な議会制社会へ変革するにあたって日本はいいお手本になるのではないか？」（『チベット　偽装の十年』）
　そして、木村先生は、プンツォク・ワンゲルたち改革派との交流を次のように述べている。
「私はチベット滞在中、革新的青年グループと知り合いになり、彼らと協力してチベットの中世的封建政治を改革しようと意図していた。日本の明治維新を参考にして、世襲貴族や上級ラマからなる上院と、選挙された代表からなる下院の二院制度、及び廃藩置県をモデルに、貴族や寺院の領地接収とその代償としての処遇案などを提案した。また改革の根本精神として、五箇条の御誓文を翻訳したりもした」（『チベット潜行十年』）
「プンツォク・ワンゲルは仲間とともに、新憲法の草案を練りはじめたという。それは明治憲法を参考に、貴族の権力を上院に制限するものであった」（同）
　しかし結局、彼ら改革派の運動は、チベットの当時の中央政府、特に宗教界によって阻まれてしまう。日本においては成功した明治維新と開国、国家の独立を守るための自主的な近代化が、残念なことにチベットでは成功しなかった。
　一九四九年、木村先生も、ワンゲルら「革新的青年グループ」もチベットを追放される。その後、木村先生は日本に戻り、私たちチベット難民を生涯かけて支援してくださった。プンツォク・ワンゲルらは、チベットを追放されたのち、改革の実現を夢見て中国共産党に入党し、結局中国のチベット侵略を呼び込むことになってしまう（後に彼らは、分離主義者、独立派として、中国から批判、弾圧される対象となる)。

しかし、仮にワンゲルらの改革が当時のチベット社会で受け入れられていれば、彼らは祖国で十分近代化のために尽力し、中国の侵略に対し明治維新の指導者のように外国の干渉をはねのけるために闘ったかもしれない。いまだにチベット人社会ではワンゲルら改革派を共産主義者、中国への協力者として否定する声が多いが、私は木村先生の献身的な努力と、明治維新をチベットで実現し、大日本帝国憲法をチベットにももたらそうとした信念と共に、ワンゲルたちの先駆的な思想と行動にも一定の評価を下したい。八〇年代、中国政府が一時的であれチベット問題に対し対話姿勢を見せたとき、私は、もしもチベットの初代首相を選ぶのならば、存命だったプンツォク・ワンゲルこそがふさわしいと、誤解を恐れず述べたことがある。

このことでは忘れられないエピソードがある。私が亜細亜大学の学生で、木村先生が、かつてのチベット政権の重鎮の一人だったバラ元大臣と会ったときのことだ。バラ氏は、一九四〇年代後半から五〇年代にかけて、チベット政府の「大秘書官」(日本で言えば、内閣官房長官と言えば分かりやすいだろうか)であり、学識も深く、堂々とした偉丈夫で、特にダライ・ラマ法王のチベット脱出とインド亡命に関わった数少ない人物として、亡命チベット人の間でも尊敬を集めていた。バラ氏が来日され、私はこのような大人物に会えるというだけで感激していたのだが、目黒のホテルで木村先生は、バラ氏にはっきりと次のように言ったのだった。

「閣下は私のことを覚えていらっしゃいますか?」

バラ氏は答えた。

「はい、覚えています」

すると、木村先生はさらに繰り返した。

「私は、ダワ・サンポです。ソクボ・ダワ・サンポです」

これは先生がチベットで名乗っていた名前だ。バラ氏はどこか戸惑っているように見えた。

すると、それまでにこにこしながら話していた木村先生は、突然、怒りを込めてこう言ったのだ。

「私などのことは覚えているはずがない。あの頃あなたは天下の大バラでしたから。あなたの顔をまっすぐ見られるチベット人はほとんどいなかったが、私はよく覚えているよ。私はあなたの顔を忘れない。私たちが(チベット改革のための)嘆願書を出しに行ったとき、あなたは私たちに物を言わせずに、叱り飛ばした張本人だった」

そして先生は私を指さし、

「この子たちを国のない子供にしてしまったのはあなたたちだ」

しかし、そのときはバラ氏も立派だった。彼は静かにこう答えた。

「おっしゃることはごもっともだ。だが当時の私たちは英国をはじめ、周囲の圧力と国内の不満に挟まれ炎の中にいるような感じで、彼ら(チベット改革派)を国外に追放することで精一杯寛大な措置をとったつもりであったのだ。全員処刑にしても収まるような状況ではなかったのですから」

それで、先生も多少納得されたようで、また静かな会話に戻ったのだった。

私は恩師の業績を讃えるためだけにこのようなことを書いているのではない。国が侵略にさらされたときに、それに備えるための内部改革、そして国防体制をとらなかったことが、チベットが、やすやすと中国の侵略に敗れたことの一つの原因であることを、私たちチベット人こそが冷静に見つめなければならないと思うからだ。

中国のチベット侵略

中国のチベット侵略は、一九四九年一〇月、中華人民共和国成立後すぐに計画され、一九五〇年一月には「人民解放軍の基本的課題は、本年中にチベットを帝国主義者の手から〝解放〟することである」と宣言することで、明確にその意志を示している。「帝国主義者」どころか、当時チベットには外国人はほとんどいなかった。チベット政府はこの宣言に抗議し、国境の防備を固めようとしたが、時すでに遅く、この年の一〇月には中国の人民解放軍が、侵略軍として東チベット（アムド、カム地方）に押し寄せてきた。その数は数万人、僅か数千の、しかも武器も乏しかったチベット軍は彼らを防ぐことはできなかった。当時は朝鮮戦争開戦の年でもあり、世界の目はそちらに集中していて、この侵略は世界の注目を集めず、国際的な支援もなかった。これは、中国が常に行うある種、火事場泥棒的な侵略であって、今現在（二〇一七年秋）でも、中国は北朝鮮危機のさなか、インドとの国境線上で圧力をかけている。

チベット側も何とか事態を解決しようと北京に代表団を派遣するが、一九五一年五月、中国はあらかじめ用意していた「十七カ条協定」をチベット側に突きつけ、拒否すればラサまで進軍を続けると脅迫しつつ、しかも派遣団の本国政府との連絡・相談も許さない状態で、偽の国璽《こくじ》まで持ち出して無理やりに調印させた。このとき、チベット側の代表団団長だったアボ・アワン・ジグメは、この後、徹底的に中国側に立つ行動を取るようになる。同じ民族の中に、中国に内通する人間を作り出していくのも、中国の得意なパターンである。

しかし、この経過が、十七カ条協定の前文では、次のように、全く中国側に都合の良いように変えられてしまっている。

「一九四九年、中国人民解放戦争は全国的範囲で基本的勝利を勝ちとり、各民族共同の内部の敵、国民党反動政府を打倒し、各民族共同の外部の敵——帝国主義侵略勢力を駆逐した」

「この基礎の上に、中華人民共和国と中央人民政府が成立を宣言した」

「（人民政府は）中華人民共和国領土内の各民族が一律に平等であり、団結して相互援助を行い、帝国主義と各民族内部の人民の共同の敵に反対し、中華人民共和国を各民族が友愛によって合作する大家庭とすることを宣言した」

「これ以後、国内各民族は、チベット及び台湾区域をのぞいていずれもすでに解放を勝ちとった。中央人民政府の統一的指導のもと、各少数民族はいずれもすでに民族平等の権利を充分に享受《きょうじゅ》し、かつすでに民族の地方的自治を実行し、あるいはまさに実行しつつある」

「帝国主義侵略勢力のチベットにおける影響を順調に一掃して、中華人民共和国の領土と主権の統一を完成し、国防を維持し、チベット民族とチベット人民に解放を勝ちとらせ、中華人民共和国の大家庭に戻らせて、国内のその他の各民族と同じく、民族平等の権利を享受させ、その政治・経済・文化教育の事業を発展させるため、中央人民政府は人民解放軍にチベット進軍を命令した際、チベット地方政府に、代表を中央に派遣して交渉を行い、チベット平和解放の方法に関する協約の締結を便利ならしめるようにと通知した」

これこそが歴史の偽造に他ならないのだが、中国はチベット側にこれほどの嘘を押し付け、侵略を解放とし、これまでの独立国チベットを「中華人民共和国の大家庭」に編入した。代表団は本来チベットの立場を交渉するためにチベット政府から派遣されたのに、「平和解放」を承認し条約を締結するためにやってきたものであると規定され、すでに用意していた十七カ条協定に調印させられたのである。

そしてこの十七カ条協定の内容は、後にことごとく破られていくようになった。以下、重要な部分だけを紹介する。

第三条　中国人民政治協商会議共同綱領の民族政策に基づき、中央人民政府の統一的指導のもと、チベット人民は民族区域自治を実行する権利を有する。

第四条　チベットの現行政治制度に対しては、中央は変更を加えない。ダライ・ラマの固有の地位及び職権にも中央は変更を加えない。各級官吏は従来どおりの職に就く。

第七条　中国人民政治協商会議共同綱領が規定する宗教信仰自由の政策を実行し、チベット人民の宗教信仰と風俗習慣を尊重し、ラマ寺廟を保護する。寺廟の収入には中央は変更を加えない。

第九条　チベットの実際状況に基づき、チベット民族の言語、文字及び学校教育を逐次発展させる。

第十条　チベットの実際状況に基づき、チベットの農・牧畜・商工業を逐次発展させ、人民の生活を改善する。

第十一条　チベットに関する各種の改革は、中央は強制しない。チベット地方政府は自ら進んで改革を進め、人民が改革の要求を提出した場合、チベットの指導者と協議する方法によってこれを解決する。

第十二条　過去において帝国主義と親しかった官吏及び国民党と親しかった官吏は、帝国主義及び国民党との関係を断固離脱し、破壊と反抗を行わない限り、そのまま職にあってよく、過去は問わない。

第十三条　チベットに進駐する人民解放軍は、前記各項の政策を遵守する。同時に取引は公正にし、人民の針一本、糸一本といえども取らない。

十七条のうち、右に挙げた項目はことごとく破られるばかりか、全く逆の政策がとられ、本質的には現在もそのまま継続中であることは言うまでもあるまい。チベット「自治区」においては民族の自治は認められず、ダライ・ラマ法王はチベットを追われ、信仰の自由どころか、国内で貴重な仏教寺院は破壊され、多くの僧侶や尼僧が迫害、時には残酷な拷問の末、処刑された。しかし、ここで日本の方々も決して忘れないでほしいのは、中国政府は、この十七カ条協定のみならず、その他の各民族自治区、また、香港返還の際に結ばれた全ての条約も、守る意志は全くなく、それは外国との各条約においても同様であることだ。日本人にとって、国家間の条約は原則守るためにあるとしても、中国にとっては全く異なる。条約を破ることなど、彼らは全く何とも思わないし、むしろ破るためにあったことは、このチベットの例を見ても明らかだ。

村への襲撃——私の体験から

少し私個人の想い出を記しておくが、私はちょうど中国軍が侵略してきた時期、一九五三年にチベットのカム地方のニャロンという村で生まれている。今、この地域は中国によって「四川省」に組み込まれてしまったが、当時は私の父がその一帯を治める領主で、私自身はその後継として育てられることになっていた。当時のチベットは一夫多妻の家も多く、我が家も、「上の母」「下の母」の二人の姉妹が嫁いでいた。

私が生まれた時点ですでに一七カ条協定は結ばれ、中国人の入植者も、軍隊も入っていたが、当初は私は彼らに対し特に悪感情はなかった。実際、中国軍も最初のうちは「チベットに進駐する人民解放軍は（中略）人民の針一本、糸一本といえども取らない」という姿勢を見せた時期もあったし、現実に入ってきた中国人入植者も、例えば私の家の近くでは砂金が取れる川があったので、領主である父の許可を得て砂金をとり、代わりに魚を献上したりするようなこともあった。

ただ、ここで付け加えておくと、チベット人は魚を食べる習慣が当時はなく、ある種の食のタブーだった（これは仏教信仰に要因がある）。でも、父親は中国の重慶に留学体験があって、魚が実はおいしい食べ物であることを知っていたので、皆に隠れてこっそりと料理していた。私も、子供というものは禁じられるとそれをやってみたくなるものだから、魚をひそかに食べるのが楽しみでもあった。あくまで私の想い出だが、こういう中国人との交流もなかったわけではない。そして、チベットを開発する、というのも全くの嘘だったのではなく、当初は中国人も、畑に入って手伝ったり、道を切り開いたりもしていた。

しかし、結局それは、中国が第二次世界大戦と、その後の国共内戦による疲弊からまだ完全に回復していない間の偽装に過ぎなかった。しだいに、東チベット各地で、人民解放軍とチベット人との間で衝突が繰り返される。軍隊は食糧を生産する存在ではなく消費していくだけだし、中国軍への食糧供給は十分ではないため、軍は民衆から食料を強奪し始める。そして、道路建設（これは結局中国軍がさらにチベットを侵略、軍事制圧するために利用された）にチベット人を強制動員する。遊牧民が多く、耕作はその土地に合った大麦を栽培していたのに、強引に牧草地を畑に代え、チベットでは実らない小麦を強制する（おかげでチベットでは歴史上初めてと言ってもいい飢餓が訪れた）。遊牧民にとって誇りでもあり、遊牧生活にとっても必要な銃を取り上げるなど、チベット人にとって許しがたい事態が続いた。

我が家でも、絶対に許せない事件が起きたのが一九五六年秋のことだった。中国軍の将校が、私の下の母に司令部まで同行するよう求め（当時、父と上の母は中国政府に「招待」という名のもと、成都にて「思想教育」を受けていた）、なんと母にとって最も貴重な時間である祈祷《きとう》中に、ずかずかと聖なる祈りの部屋にあがり込んできた。しかし、母にとって、祈祷よりも重要な仕事はなく、将校が何を言っても無視したままだったので、馬鹿にされたと思ったのか、将校が腰のピストルに手をかけた。それを見た、我が家に仕えていた力自慢の家臣が、将校めがけて斧を振り上げ、あわや殺し合いになるところだったが、母が一言「やめなさい！」と一喝し、将校に、こんなことをしていたら中国軍に対するチベット人の心証が悪化するだけではないですか、と説いた。将校は不機嫌そうに出ていった。

このときから、私の村でも、チベット人の怒りに火が付いたようだ。実はそれまでも、チベットの若い女性が中国軍に乱暴されるというトラブルも起きていたが、軍将校が領主の妻を侮辱し、しかも祈りを邪魔するだけではなく殺そうとしたというのは、我慢の限界を超えることだった。夕方から夜遅くまで、銃撃戦が村中で生じた。私も子供ながらわけも分からず興奮したことを覚えている。

駐屯していた中国軍の数が少なかったこともあり、最初の衝突はチベット側の勝利に終わった。しかし、中国軍の発砲する銃声は「タタタタターン」と連発するのに、古い猟銃で戦うチベット側の銃声は「ターン」「ターン」と一発ずつしか鳴らなかったことを、私は今もはっきり覚えている。勇気だけでは勝てない、人民解放軍が再び大挙して出動すれば、持ちこたえられなくなることは確実だった。私たち一家はその夜のうちに村を脱出する。勇敢な母は、銃を腰に下げて、村の近辺でゲリラ組織を作り抵抗運動を続けようとした。やがて、父と上の母も、中国側から、下の母を説得するという約束で合流し、そのままゲリラ戦に参加する。しかし、数も少なく装備も乏しい私たちが戦い続けるのは難しく、首都ラサに行って救援を求めようということになった。

首都ラサ陥落

このように、チベット人の抵抗運動は、最初は東チベットのあちこちで、偶発的に始まったものだった。これが統一された指揮系統を持つ国民的なゲリラ戦に発展したのは、一九五八年のことである。

しかし、残念なことに、私たち一家が、苦難な逃亡生活ののち、やっとチベットの首都ラサにたどり着いたとき、チベットの中央貴族たちは、私たちに対し全く冷淡だった。その途上でも、まるで私たち東チベットが中国に抵抗するからこそ、平和が損なわれ、中国を怒らせているのだと言わんばかりの雰囲気をしばしば感じたことがある。正直、チベット中央政府は、東チベットの私たちを田舎の領主としか見ておらず、その戦いを十分支援する姿勢はほとんど見られなかった。ラサも安住の地ではなく、私たちは居場所を転々とする生活を続けなければならなかったが、一九五九年、ダライ・ラマ法王が、ついにインドに亡命したことを知ったとき、私たちもまたインド国境を目指した。それは法王がたどったルートとほぼ同じだった。

ところが、雪のヒマラヤを越え、あと少しでインドにたどり着けるというときに、頭上に中国軍の飛行機が見えた。飛行機はまるで私たちを探すかのようにしばらく旋回していたが、やがて、雲が厚くなって視界が遮られたのか、あるいは別の理由があったのか、飛び去って行った。私たちはチベットの守護神「パンテン・ラモ」のおかげだと感激し、感謝の祈りをささげたのだった。私たちはこうしてインドに逃れることができた。しかし、わが祖国は、完全に失われてしまったのである。

私たちが脱出する前、知らないうちに、首都ラサは悲劇が訪れていた。先述したように一九五八年には統一されたゲリラ部隊が東チベットを中心に活動し、各地で中国軍とチベット人の激突が続いた。中国はチベット人の抵抗を封じるために、チベット人の最高指導者であり、統合の象徴でもあるダライ・ラマ法王を自らの手中に収めようとした。三月、中国側は法王を観劇に招待すると告げ、かつ、護衛は必要ないと付け加えた。人民解放軍が法王を拉致しようとしているのは明らかで、ラサ中の市民はついに総決起した。三月一〇日、群衆はダライ・ラマ法王の夏の離宮であるノルブリンカ宮殿を取り巻き、法王を守るとともに、「チベット独立」「中国軍はチベットから出て行け」というシュプレヒコールが怒涛のように挙がった。

実はこの日、ダライ・ラマ法王は、ひそかに脱出、インドを目指した。一九日には、中国軍は大砲で一気に宮殿を攻撃。このとき、セラ、ガンデン、デプンというチベットの三大寺院もまた破壊された。ラサ市民は必死で戦ったが、武器らしい武器も持たない彼らは、中国軍の前に屍をさらすばかりだった。三日間の戦闘で、一万から一万五千人が虐殺されたと伝えられる。

実はダライ・ラマ法王の一行も、インド亡命の際、同じく、中国空軍の飛行機に見つかり、パイロットは毛沢東に指令を仰いだという説がある。そのとき毛沢東は「そのまま逃がしてやれ。どうせ、インドについてもそのまま路頭に迷うだけだ。もしここでダライを殺してしまったら、逆に、永遠にチベット人はそのことを記憶に残してしまうだろう」と答えたという。

中国の行ったことは確実に侵略であり、暴力で十七カ条協定を強制してチベットを支配下におさめ、しかもそれを自ら破って、最低限の自治さえ許さず、最後には軍隊の力で民衆を虐殺するという、絶対に許してはならない行為だ。しかし、チベット側にも、この侵略を許してしまった多くの過ちがあったことも認めなければならない。

チベットはなぜ滅んでしまったのか

チベットは一七世紀、ダライ・ラマ五世が中央政府を成立させてから、一貫して緩やかではあるが鎖国政策を敷いてきた。これは日本の江戸時代同様、必ずしも悪いことばかりではなかった。当時、西欧諸国は、アジアに対し、宣教師を事実上の尖兵とする形で、侵略の手を伸ばしており、仏教国チベットが、国防上も、また信仰上においても、彼らの侵入を遮断しようとしたのは一理あった。そして日本同様、鎖国体制下で、国内の仏教文化は成熟し、僧侶たちは平和のうちに修行を積み、思索を深め、後に触れる川喜田二郎氏が指摘するような、インドとも中国とも違う独自のチベット文明を築き上げることになった。

しかし同時に、このような体制は、一九世紀の帝国主義の時代にはすでに通用しなくなっていることに、当時のチベット人も中央政府も十分気づかなかった。もちろん、チベット全土が標高四〇〇〇メートル以上の高地であり、ある意味、自然の要塞として、外敵から守られていたことも事実だ。そのため、ある種の「平和ボケ」と、世界情勢への無知がはびこり、ダライ・ラマ一三世の治世には、イギリスや清国の侵略や干渉を受け、法王がしばしば亡命せざるを得ないような事態を迎えていた。それでも、一三世は危機意識を持ち、いくつかの近代的な改革に着手しようと努力はしたのだが、一九三三年、それが実を結ばないうちに、一三世は世を去った。

近代化を阻害したのは、残念ながら、チベットで大きな勢力となっていた僧侶たちに一定の責任があったと言わなければならない。僧侶が信仰を極めようと努力するのはもちろん当然だし、平和を祈るのも当たり前なのだが、彼らが国防のための近代的な軍隊の必要性を重要視しなかったのは、中国の侵略に対して決定的な弱点となった。さらに、僧侶が国連への加盟にも批判的だったことが、国際社会の支援を受けにくくした。これは文書の上では残されていないが、私は当時の情勢を知る多くの関係者に確認しており、残念ながら間違いのないことと判断する。

一九五〇年代後半、チベット政府は独立を維持するため、国連に加盟することを模索していた。しかし、当時の外務大臣の努力により、その加盟が認められそうになったとき、高僧たちの中から、国連は本質的にキリスト教国の組織であるから、そこに参加することには反対であるという意見が出され、残念ながら国連参加は実らずに終わった。

もちろん当時、国連が事実上、欧米のキリスト教圏諸国が主導するものだったことは事実だ。また、祭政一致の仏教国チベットが、政教分離をはじめとする近代的な欧米の価値観を受け入れがたかったことも理解はできる。しかし、ここで参加さえしていれば、中国の侵略に対し国連の場で直ちに抗議することも可能だったはずだ（もちろんこの時点では中国は国連未加盟）。要するに、当時のチベット人社会は、あまりにも過去の伝統と信仰にとらわれ、時代の変化を理解していなかった。国内においても結束を欠き、私の一家がラサで体験したように、挙国一致で侵略に当たるという姿勢が見られなかった。

仮に東チベット侵略の初期段階で、中央政府の指示のもと、全チベット人が中国の侵略に対し抵抗していたら、慣れぬ高地山岳地帯、しかも雪山の行軍を強いられた中国軍に、少なくともしばらくは抵抗できたはずである。だが、中央政府はそのような対応ができず、東チベットの民衆の自発的な決起は持続することができなかった。一九五八年にゲリラ部隊が統一されてからは、七〇年代に至るまで、たとえ勝つことはできなくても、負けることなく抵抗運動が続いたのだ。チベットを滅ぼしてしまった原因の一つとして、国内の団結力のなさ、国際感覚のない一国平和主義、外交交渉の不手際などがあったことは、チベット人として率直に認めざるを得ない事実である。

憲法九条は日本を守ってくれるのか

しかし私は同時に、このチベットの悲劇を、日本の人たちにもぜひ教訓としていただきたいと考えている。現在の日本国の憲法前文、そして第九条と、それを守るべきだとする日本の知識人、政治家の発言は、私には、かつてのチベットを滅ぼした言説とまるで同じ幻想にとらわれたもののように見える。

憲法前文には、「日本国民は、恒久の平和を念願し、人間相互の関係を支配する崇高な理想を深く自覚するのであつて、平和を愛する諸国民の公正と信義に信頼して、われらの安全と生存を保持しようと決意した」とある。また、憲法九条は「一、日本国民は、正義と秩序を基調とする国際平和を誠実に希求し、国権の発動たる戦争と、武力による威嚇又は武力の行使は、国際紛争を解決する手段としては、永久にこれを放棄する。二、前項の目的を達するため、陸海空軍その他の戦力は、これを保持しない。国の交戦権は、これを認めない」と記されている。

この憲法が、占領軍によって書かれたものか否かの議論は今は行わない。しかし、この憲法が描いているのは、「平和を愛する諸国民の公正と信義に信頼」することで、自国を軍隊によって防衛し主権を守る意識を喪失した国家の姿にしか見えない。「恒久の平和を念願」し、平和を心から祈るだけで済むのなら、当時のチベットにも、心から平和を祈る人々は僧侶をはじめとして、たくさんいた。しかし、そんな彼らを中国の銃剣が、無慈悲にも踏みにじり、虐殺したのだ。仮に日本国が、「国際平和を誠実に希求」し、戦争を放棄しても、相手国が同じ考えに立ってくれるとは限らないのである。

九条を守れという人たちの中には、たとえ侵略軍に占領されても、非武装のまま抵抗することを訴える人もいる。中には、軍事的に抵抗することはかえって国民に犠牲を増やす、などという意見すらある。しかし、現実にチベットで、侵略者に植民地化された実態を知る私には、そのような言葉は、他民族に支配されるという現実を知らない人の戯言にしか聞こえない。チベットは中国の支配下、一九八〇年代以前の段階で、次のような犠牲者が出ているのだ。

◆一九五〇～一九七六年の間のチベット人犠牲者数

一七万三二二一人のチベット人が、刑務所もしくは強制収容所で死亡。
一五万六七五八人が処刑死。
三四万二九七〇人が餓死。
四三万二七〇五人が戦闘もしくは暴動中に死亡。
九万二七三一人が拷問死。
九〇〇二人が自殺。
以上、合計一二〇万七三八七人

私は今は国籍を日本国としている。一度祖国を失い、しかも同胞たちはこのような虐殺の運命にさらされた。それだけに、ここ日本では、絶対に同様の悲劇が起きてほしくはない。チベットにおける体験が、日本の方々に、少しでも役立つことを切に望む。

第三章　失われた日本の文化、言語、国家観

日本人が大切にしていた「公《おおやけ》」という価値基準

ここからまた日本のことに話を戻したい。私は高校卒業後、亜細亜大学に入学し、一九七六年に卒業した。この時期に、私は日本について、さらに深くさまざまなことを学ぶことができた。このことは、第一章の高校時代同様、現在の日本に失われてしまった日本の美徳を考える上で必要なことなので、もう少し述べさせていただく。

大学在学中の四年間は、東池袋にあった池袋病院で住み込みのアルバイトをしながら通学していた。授業が終わると、夜間の受付、保険の点数計算、大学が夏休みになれば食堂の配膳係など。そこで再び感心したのは、当時の日本人の意識が、常に「公」を中心に動いており、私利私欲や自分の立場は二の次に置かれていた、少なくとも、そうしなければならないという姿勢に貫かれていたことだった。

例えば、定刻の午後五時になったとする。今だったら、五時になったら、そのまま帰ってし

まう人が多いかもしれないが、当時は、もし自分の担当の仕事が終わっていなかったら、自らの意志である程度片付くまでは残る。それだけではない。たとえ自分の分はほぼ終わっていても、同僚の仕事が残っていれば手伝う。そして、上司が、「明日もあるのだから、今日はそろそろ帰りなさい」と言うと、何か申し訳なさそうに謝ったあとで帰宅する。この姿勢には心底驚かされた。今だったら、この姿勢そのものが、社畜だとか言って批判されるのかもしれないが、私はこれは仕事への責任意識だと理解した。

公――それが全ての価値基準、自分のことは二の次で、まずみんなのことを考える。彼らがよく使っていたのが「うちの」という言葉だった。

「うちの会社」「うちの病院」。最初はその言葉に違和感があった。この人たちは、社員なのに、みんな会社の株を持っていたり、この病院の経営に関係しているのだろうかと考えてしまった。でも、やがて働いている日本人の姿を見ていて、日本では、まず働くということを、近代的な意味での「労働」や「契約」ではなく、「奉仕」、たとえそれが私企業であっても、その会社を通じて公に奉仕することだという意識を持っていることが分かってきた。だからこそ、会社の備品は皆丁寧に使い、いらなくなった書類の裏をメモ用紙にするなど、決して無駄遣いをしない。それは単なる倹約ではなく、公の物品を扱っているという姿勢の表れだった。

そしてもう一つ、その公につながる会社が、一つの家族のようなものとして存在していた。

確かにそこでは、社長、課長、一般社員というふうに地位は分かれているが、それはそれぞれ会社に対する責任、仕事の質や役割分担が違うだけであって、根本的には、ある意味国家が、大統領、大臣、軍隊、そして一般国民までが一体となって一つの共同体を作っているように、会社自体が一つの共同体を作っている。そして、社会全体において、そのような精神が細部にまで行き渡っているようだった。

例えば仕事やお使いでほかの会社に行くと、たとえ別の仕事をしている会社でも、机の並び方から、全体の雰囲気まで、どこも共通した秩序のようなものがある。「公」の意識が、単に抽象的なものではなく、形としてそこにあった。洋服にしても、強制されているわけではないが、だいたい同じものを着ている。腕章、襟章、会社のマーク、社員証なども、その共同体のシンボルとして、大切なものとして扱われていた。そして、会社として達成すべき大きな事業が入ると、みんな、上から下まで鉢巻きを締めて仕事にかかる。こんなことは「うちの会社」という意識がなければ、決してできることではなかった。ある意味軍隊を思わせるような共同体意識が会社にもあったことが、日本の戦後の経済発展につながったはずだし、それこそが日本型経営と呼ばれるものの本質だったのではないだろうか。これは法律や強制、また賃金で縛ることで生まれるものではなく、社会的な秩序として存在していた。

この背後には、やはり、戦争体験があったのだろう。日本は大東亜戦争に敗れたが、今度は経済で国を立て直して、もう一度、国家として立ちあがるという意識がどこか共有されていた。そういう共通の目的、意識があってこそ、日本国民であるというだけで、また、ある共同体に属しているというだけで仲間意識が生まれる。

例えば当時だったら、仮に大学に入学して、新入生の歓迎会があったとする。それは、一つの共同体の一員になった儀式であるとともに、そこで、先輩後輩というある種の上下関係から、俗に言えばお酒の飲み方、会話の仕方、礼節などを学ぶ社会勉強の場でもあった。大学においては教室だけが学びの場ではなく、放課後から、部活動から、全てが勉強の場としてある。これは亜細亜大学で本当に私が実感したことだが、大学での生活は、これから卒業後に出ていく日本社会のシステムと、そこでの立ち居振る舞いの在り方を、ある意味理解し、練習する場所でもあった。

同時にそれは「らしく」あることの価値と意味が強調されていた。秩序というものは、それぞれの立場にあるもの、地位にあるものが、その責任を果たさない限り成立しない。大学においては、先生は先生らしく、学生は学生らしく振る舞わなければならない。授業はもちろん、歓迎会やコンパも、先生は少なくとも始めはそこに参加していることで、その場が学校であり、社会勉強の場であることを示す。そして途中で帰るときは、学生たちはきちんと見送る。先生のカバンも持つ、それは形式ではなくて、秩序を守るための儀式だった。

私は以前勤めていた岐阜市立女子短期大学のモットーがとても好きである。

「人間らしく、女らしく、あなたらしく、あなたならでは」

この時代、男性も女性も、全ての日本人がこの精神で生きていた。

政治、教育における「公」

この「らしく」というのは、少なくとも七〇年代初め当時までは、大変肯定的な意味合いで使われていた。男らしく、女らしく、という言葉にも、少なくとも主観的には差別の意味は全くなかった。教師に「聖職」という言葉が使われていたが、それは、もともと教師が生徒に接するときは、ここで述べたように、単なる知識の伝達だけではなく、社会に出ていくための儀礼を教えるという意味合いがあったからこそだと思う。

だからこそ、国の行く末に責任を持つ政治家には、特に「議員は議員らしく」「政治家らしく」というモラルが求められていた。単に汚職をしないとか品行に気を付けるとか、そんなレベルの低い次元ではなく、政治家としての議論の仕方が問われていたはずだ。

例えば、当時選挙の際、今のようにインターネットもホームページもツイッターもなかったが、逆に今はほとんどなくなった、政党同士の「立会演説会」というものがあった。公民館や体育館などを借りて、与野党それぞれの候補者が来て、堂々とそこでそれぞれの立場で政策を述べていた。八〇年代まではかろうじてあったように思うが、今は、各党が自分の意見をそれぞれの場所で述べているだけで、堂々と、しかもテレビスタジオではなく、国民の前で議論するようなことは少なくなっている。そして、そのような場で議論すれば、与野党が仮に対立した問題を論じるときにも、それほど誹謗中傷や、相手の個人攻撃などはできないし、もしもそんなことをしたら、かえって良識ある国民からはおかしな候補者だと見られるようになる。だから、不倫とかスキャンダルの話題は、あくまでそういうことを面白がる、スキャンダル雑誌などの媒体や、噂話でやればいいことで、少なくとも政策の議論の場に持ち込むものではなかった。

当時は野党の政治家たちも、日本社会党の江田三郎、民社党の春日一幸など、語気鋭く政府を批判するときでも、政治の場は公を論じる尊厳ある場でなければならないという認識はあったし、与野党党首ともに風格があり、お互いの人格を一定程度認め合っていた。私が反対していた左派系の学生運動ですら、彼らは常に「我々は」と語っていた。「私」ではなく、政治の場では、公的な問題を扱うのだというのはどんな過激な左派にもあり、たとえ思想は違っても、真剣さ、日本全体の問題に向き合おうという姿勢があった。

では、公が重視されていたからといって、無個性な時代だったかというと、決してそうではなかった。「うちの大学」「うちの会社」だけの持つ個性、それこそ「らしさ」を守ろうという意識はむしろとても強かった。私は亜細亜大学の学生だったが、亜細亜大学では、たとえ勉強や知識では東京大学に勝てなくても、人間関係、クラブ活動など、大学としての団結力を持とうとしていた。多くの学生が中小企業のオーナーの子弟だった（それと、東急が亜細亜大学と関係が深かった）こともあり、それは卒業後の就職などでも役立った。

そして、亜細亜大学には構内に興亜神社という、戦没学生を祀る神社が建てられていた。もともと、亜細亜大学は、一九四一年に開校した興亜専門学校が前身であり、当時は大東亜共栄圏建設のために有為な人材を養成する目的を持っていた歴史があり、戦後もまた、アジアを復興させる、そのために日本は力を尽くすという意志は変わってはいなかった。

当時は学校の先生方も、皆戦争を体験していたし、私の担当教授はシベリア抑留も体験していた。当時、マスコミや知識人、それこそ東京大学などの教授たちの中には、共産主義の幻想にとらわれている人が多かったが、シベリアでソ連の実態を知っている先生や、彼を教授として迎えていた亜細亜大学は、そのような幻想にとらわれることはなかった。何よりも、戦争を体験したことで、先生も私たちチベットの問題を、我がことのように理解してくださったように思う。

川喜田二郎先生とＫＪ法

そしてこの大学時代、私は、ＫＪ法で有名な、文化人類学者の川喜田二郎先生と出会った。大学入学直後、私はビザの有効期限が切れ、日本にいられなくなりそうな事態が起きた。このとき紹介いただいたのが川喜田先生で、先生は、さまざまな形で支援してくれ、おかげでビザの問題は解決されたのだが、正直、当時川喜田先生に対し、私は大変な誤解をしてしまっていたのだった。

川喜田先生は『鳥葬の国　秘境ヒマラヤ体験記』（講談社学術文庫）という本を一九六〇年に発表していたが、私は、先生の仕事について、何か自分たちチベット人が、野蛮で遅れた民族のように話されているのではないかと誤解していた。それはきちんと先生の本を読んでのことではなく、伝聞に近い形だったのだが、私は川喜田先生に対し、なぜ鳥葬など誤解されやすいことを中心にチベットを紹介するのですか、と言ってしまった。

すると川喜田先生は、「君は、鳥葬が恥ずかしいことだと思うのか。そして、なぜチベットでは鳥葬が行われるか、きちんと分かっているのかね」と逆に私に問いかけられた。

先生はさらに、「文化というものは、その時代時代の国際環境、自然環境、そして歴史伝統に深く根差しているもので、どの文化が劣っているなどという区別は本当は意味がないことだ。

だから、チベットの鳥葬をはじめとする文化について、君自身がきちんと勉強し直しなさい。そうすれば、チベットには、文化だけではなく、独自の、インドとも中国ともまたイスラムともちろん異なる、アジアの自立した文明が存在していることが分かるようになるし、そのことを誇りに思えるはずだ」とおっしゃられた。これがきっかけで、私は、川喜田先生とそのKJ法に、強い影響を受けるようになった。

そして川喜田先生は、私に、「費用は気にしなくてよいから、自分のKJ法の合宿に参加しなさい」と誘ってくださった。KJ法の会議とは、基本的にボトムアップ、下からの意見を効果的に吸い上げる方法だった。会議の参加者は、全員、必ず意見を平等に述べていき、それを全て黒板やカードに書いていく。全ての意見がそろった段階で、同じような意見をそれぞれ整理していき、グループ分けしていく。しかしここで重要なのは、全くどこにも属さない少数の異質な意見があっても、それは切り捨てるのではなく残しておく。

川喜田先生は、これこそ民主主義なのだとおっしゃっていた。全ての人の意見を聞き（原則、意見を述べないというのは認めない、参加者は必ず意見を述べる）、それをまとめて方向性を見出していく。しかし、決して、少数派を切り捨てるのではなく、その存在を認めた上で、どこかで生かすことはできないかを考えていく。

川喜田先生は、「民主主義というのは、制度の問題ではない。具体的に、民意がどこまで、企業や、また国家の政策に反映されているかで測るべきだ」といつもおっしゃっていた。この六〇年代、七〇年代、企業や役所において、KJ法はさまざまな形で取り入れられ、それ専用のノートなども、一般の文具店でも買うことができたはずだ。

このKJ法は、八〇年代以後、日本企業が、ハーバード型のトップダウン形式になるに従い、だんだん使われなくなってしまったが、私は今も、有効な方法として再評価されるべきではないかと思う。当時の会社はよくワンマンだと言われる社長が多かったが、KJ法を取り入れるなど、現在の企業よりもはるかに民主的な経営がなされていた。さまざまな会議を現場の人間と行い、その場で意見を吸い上げていく。最後に、社長として責任を持って判断するときは、確かに自分が責任を持つが、それまでの社内の会議や意見の集約においては、決してトップダウンでも独裁でもなかった。むしろ、現在のトップダウン形式の社長のほうが、よほど上が責任を取らなくなっている。それが最近のさまざまな企業の不祥事などにもつながっているのではないだろうか。

私にとっても、川喜田先生の教えは、今もさまざまな会議の場や、組織を作る上において大変役立っている。組織をまとめていくためには、少数意見を排除せず、その存在を認めるとともに、それを全体の中でどう生かすかを考える。幹部や専門家だけで話すより、現場の声を吸い上げる、これが組織運営においては最も大切だし、当時の企業も、役所も、そして、おそらく責任政党の自由民主党も、それを行っていたのではないだろうか。

そして、川喜田先生がシンガポールでKJ法の解説をされたとき、参加者から、先生の考えは仏教につながっていますね、と言われて、私に、これからは仏教のことを学び直さなければいけないなあ、と語ったことがあった。

川喜田先生はチベットに対しては、あくまで、文化人類学という視点でのアプローチをしておられたが、中国がチベットを弾圧していることには断固反対しておられた。ずっと後、九〇年代になって、チベットでゲリラ戦を行い、長い獄中生活に苦しんだ女戦士、アデ・タポンツァンが私たちの招きで来日したときの歓迎会で、彼女の辛い生涯について聞いた先生が、挨拶のときに開口一番「私は怒っております。わが愛するチベット人にこんなひどいことをした中国人を、私は絶対に許すことはできない」と強く語ったことは忘れられない。

多くのチベット学者がおられたし、例えばインド哲学との比較であるとか、古いチベット文献の翻訳研究など、世界的にも重要なアカデミックな研究をした立派な学者は日本にも多いが、川喜田先生は「チベット二郎」などと、やや揶揄するようなニックネームをつけられながら、本当にチベットを愛し、チベットが独自の「文明」を持った国であることを強調してくださった方だった。そしてこの川喜田先生のKJ法もまた、当時の日本の経済発展や、社会の実質的な民主化のために大きな成果を上げげた、この時代の日本が生み出した優れたシステムだったと私は考えるし、その価値は今こそ再評価されるべきだと考えている。

日本社会変質の契機

総合的に、この時代までは、日本全体が前向きだった。戦争体験は共有されていたが、それは決して、今一部で言われるような、「日本が全て悪かった」という一面的で自虐的な感覚ではなかった。現実の戦争を知っている世代は、むしろ、「亡くなった戦友の分も頑張ろう」という意識があった。さらに、当時は冷戦時代で、ベトナム戦争の時代でもあった。当時の自民党は、佐藤栄作首相をはじめとして、原則的にアメリカの側（西側陣営という言葉が当時は使われていたが）に立ってソ連と対峙するという姿勢を取っていたが、決してアメリカの言いなりではなかった。

その頃はまだ日本では、牛肉を食べるというのは大変贅沢な時代で、確か当時の値段でも、ステーキを食べたら二〇〇〇円くらいはしたと思う。多くの日本人は、クジラの肉をまだ食べていた。それに対し、アメリカやオーストラリアから、鯨を食べるのはやめて牛肉を食べなさいという圧力がかかった。今も、過激な欧米の環境団体は、日本バッシングとして捕鯨の問題を持ち出すが、もともと、この問題は経済圧力として始まっている。しかし、六〇年代から七〇年代にかけては、日本の農水省で鯨問題の交渉にあたっていた人たちは、日本の権利と立場を守ろう、食料自給率の一環、つまりは国益として捕鯨の権利を守ろうと、一生懸命頑張っていた。政治家たちも、あの部分はアメリカに従うが、譲れない国益や立場においては抵抗するという姿勢が、むしろ現在よりもはっきりあった。

このような日本社会が大きく変わっていったのは、今思えば二つ大きなきっかけがあった。一つは、一九七二年、自由民主党総裁選挙にて田中角栄が福田赳夫を下して総裁に選出され、田中内閣が成立し、その後、日中国交回復に進んだこと。中国と日本の関係についてはまた別に論じたいが、田中角栄以後の日本の政治は、やはりそれまでとは違い、数の論理、そしてお金の論理が強く前に出て、政治も政策を論じ合うより、各選挙区におけるお祭りのようなものに変質していった。そうなると、相手を攻撃するときも、お金をめぐるスキャンダルなどになりがちになる。

日中国交正常化が成立したのは、私が大学生の一九七二年だったが、このときは佐藤首相と福田赳夫は消極派で、田中角栄は積極論者だった。そして、当時日本の新聞、特に朝日新聞の報道には、中国と日本が国交を結べば、中国にあるこれだけの油田から石油が日本に入るなどという、この問題を経済的な論理から促進しようとする記事も目についた。

確かに、日本は石油資源を海外に頼っていたし、第四次中東戦争が始まった一九七三年には、アラブ諸国が原油価格の引き上げや、イスラエルを支持する諸国への石油禁輸政策などを打ち出す時代でもあったから、石油資源の確保が日本にとって深刻な問題だったことは間違いない。しかし、田中角栄の勝利と福田赳夫の敗北は、政治・外交が、理念よりも単純に経済上の損得を中心になされていくことの一つの象徴でもあった。

もう一つ、より重要なことだと思えるのは、一九七〇年の大阪万国博覧会開催。このイベントには、世界七七カ国が参加し、戦後の高度経済成長の頂点ともいうべきイベントだったことは確かだ。日本の科学技術の高さを世界にアピールすることにもなった。大阪万博は三月から九月まで約半年間にわたって開催され、総入場数は六四二一万人を超えた。これは二〇一〇年に開催された上海万博まで破られなかった人数である。これで日本は、戦争に敗れてから二五年でアメリカに次ぐ経済大国となり、アジアだけではなく、世界に通用する存在となった。しかし同時に、この万国博覧会は、東京オリンピックが戦後復興の象徴であるとしたら、明治維新以後、日本が欧米並みの近代国家、先進国の一員となるという、一つの大きな国家目標が達成されたことの象徴でもあったと思う。

しかし、その国家目標が、この時点で達成され、ある意味、日本国は目標を喪失してしまったのではないだろうか。それは同時に、文字通り日本が「脱亜」、アジア諸国の一員であるという意識から離れていくことであり、もうあと戻りはできなくなった。

この一九七〇年から、だいたい九〇年代くらいまでの間、政治家も社会も目標を失い、それによって意欲も団結力も社会の統合も失っていき、ただ数字に表れる経済発展、GDPがどれだけ伸びたとか、日本の会社が海外で成功したとか、そのようなことが主たるニュースになるようになった。イデオロギーにこだわる必要はないというのは、とりあえずいい言葉に聞こえたが、それは同時に、世界政治の現場に対し自分たちが関心を持たなくなり、その分、危機意識も、外交に関する緊張感も薄れていくことになった。

「和魂」を失った日本

この時代、日本が決して忘れるべきではなかったのは、明治維新の時代、人々は外国の進んだ技術を学び、国と国民を豊かにすることに努め、政治制度や、文化面でも、外国の優れた面を積極的に取り入れたが、同時に「和魂洋才」「富国強兵」という姿勢を失わなかったことだった。確かに、内村鑑三、新渡戸稲造、福沢諭吉らは明治時代、キリスト教をはじめ、西欧文化を深く理解し学び、それを日本の次の世代に教育を通じて受け入れた。しかし、彼らは、自分が日本人であること、「和魂」に根差していることを忘れなかった。西欧の文化は、あくまで日本人の、武士道や、「おかげさま」の相互を思いやる精神を失わない形で受け入れられていた。「日本人の表皮を剥《は》げばサムライが現れる」（新渡戸稲造『武士道』）といわれたように、民族精神を失ったことは一度もなかったのだ。

新渡戸の『武士道』は、日本精神が儒教、仏教などアジアの伝統精神に根差していること、日本人の伝統的な生き方とは「妻は夫のために自分を捨て、夫は主君のために自分を捨てる。そして主君は天の命に従う奉仕者」であって、これは決して遅れた封建主義ではなく、各自が自らを犠牲にして公に尽くす、キリスト教における騎士道や神への忠節にも通じる普遍的な正義であることを紹介した。さらに、個人主義ではなく忠義を重んじ、主君、国家、社会を個より上位に置く思想はむしろ西洋のキリスト教思想よりも優れている、と堂々と説いた。その思想を、日本語ではなく、見事な英語で著したことが、新渡戸が日本人であるとともに偉大なる国際人であったことの証明である。新渡戸はクリスチャンではあったが、同時に日本人としてのアイデンティティを持ち続けたのだ。

しかし、万国博覧会成功後、日本は「洋才」こと、欧米の科学技術を欧米以上に見事に身に着けたことを過信し、日本人としての精神、「和魂」を次第に忘れていったように思える。今度は、欧米を中心として、外国のものをただコピーしたり、日本にまだないものを輸入することが何か価値あることのように思われてきた。そこから「本場の」という形容詞が生まれ、それこそアメリカ文化のコピーのようなものが巷にあふれるようになってきた。その勢いは、いわゆるバブルと言われた八〇年代から高まっていく。しかし、明治時代のように、日本の精神に合わせて咀嚼して受け入れた文化ではないから、ある種の文化の消化不良を起こすようになり、ますます日本人のアイデンティティはおかしくなり、七〇年ごろまでは維持されていた、日本が長い時間をかけて、いろいろな試行錯誤のもとに作り上げてきたさまざまな制度をどんどん破壊するようになった。

「フリーター」が社会を解体した

七〇年代まで、日本は、外交においては西側に立ち、ソ連や東側体制に対峙してきたが、逆に国内においては、一定程度、福祉国家を目指す民主社会主義的な、富の再分配、弱者保護、最低限の環境保護などを、民社党や、各地方の「革新自治体」と呼ばれた野党系の自治体が、ある種役割分担のように取り組んできていた。今では、美濃部都知事の都政運営は、彼が北朝鮮や中国にシンパシーを持っていたことから厳しく批判されているが、一方「東京に緑を」というスローガンで、環境問題に対しては正しい政策をとっていた。高度経済成長期、スモッグや排気ガスがまだ十分規制されていなくて、東京ではしばしばデパートの上に酸素ボンベがあったり、またスモッグで子供たちが苦しんだりしたのだが、それは美濃部都政下でずいぶん改善された。

他にも、このような革新系の自治体下では、貧しい人たちのために低負担で住宅や交通機関その他の公共サービスが提供された。国においても、全国民が使用する公的なシステムはできるだけ国家が責任を持ち安価に提供すべきであるが、そういったものが、改革、合理化、民営化といった名のもとに解体されていったのが、八〇年代以後の時代だった。

私はまず、社会が解体していくときは、言葉と服装が最初に乱れていくと考えている。その次には、精神的な秩序や、社会を支えていた最低限の常識が崩れていき、最後には、現実のシステムが目に見える形で崩壊する。

まず、会社を公的なものとみなし、そこに奉仕するつもりで働く、それは、個人を抹殺するものだとして否定された。そして、古臭いシステムで、才能を押さえつけるとして、終身雇用も崩れていき、同時に、これからは、会社の「奴隷」になるのではなく、自分で好きなときに好きなスタイルで働けばいいのだという「フリーター」スタイルが、八〇年代からもてはやされていった。

私は「フリーター」という働き方が主流になれば、日本企業にとって最悪の事態をもたらすと考え、当時私なりに警告をしていたつもりだが、それは残念ながら理解されなかった。日本企業はそれまで、社員を雇った段階で、短くても三カ月、長ければ一年分の給料をかけるつもりで社員に教育をしていた。もちろん、それは社員を会社に貢献させるために必要だったということもあるが、同時に、会社としても、その社員を一人前にし、技術や資格を身につけさせるのが責務だという、お互いの信頼関係、それこそ「おかげさま」の精神があったはずだ。

しかし、フリーターという、いつでも辞められる、自分の選ぶ範囲の時間帯でしか仕事をしない姿勢の社員に対し、企業はそこまで力を注がない。当然、フリーターの側にも責任感もなければ、会社に尽くす意識も薄いので、仮に仕事上の事故が起きても、問題が起きても、お互いが知らぬふりをするような事態が生まれる。これが最近まで続くさまざまな製品事故の根本にあると私は思うし、もう一度、会社と社員が公的な関係を取り戻さない限り、かつての丁寧な仕事に基づいたモノづくりの産業は維持できないだろう。年功序列や、終身雇用というのは、決して個人を縛り付けるだけのシステムではない。むしろ、個々の社員の人生に一定の保護を与え、社会を安定させるシステムでもある。自分の時間を使って自由に働きたいというフリーターや契約社員は、若いうちはともかく、年を取り、また現在のような不況になれば、経済的に追い詰められていく。一定の安定と秩序の中で、経済的にも補償されない限り、結婚も、育児もできないことだけは自覚しておくべきだし、そのことを社会が若者にもっと教えなければならなかった。

その意味で、リストラという言葉が、まるで良いことのように語られるのも本当は間違っている。会社は、経営のためには社員を首にしてもよい、という本当に残酷な姿勢を、「リストラ」という英語にしてしまえば何か正しいこと、先進的なことのように思わせるのは、まさにマスコミや、政府による虚偽宣伝なのだ。

もともと、「リストラ」とは、英語の「Restructuring」の略語で、本来は「再構築」という意味である。これは、企業が事業規模に合わせて組織を再編成する、簡単に言えば、全体の経営システムを見直し、収入に応じて出費を調整することであって、社員を首にすることではない。むしろ、それは最も安易な方法であり、少なくとも最後の手段であるはずなのに、本来の意味を忘れてこの言葉が広がってしまった。

もう一つ、フリーター的な仕事を評価するときに、「従来の日本人は働き過ぎだ、人生を十分楽しんでいない」という指摘がしばしばなされた。従来の日本人の勤勉さ、仕事に関する倫理観、会社を公の共同体として尊重することによって、社員も労働者も共に守る社会システムを否定するような言葉だ。現在しばしば使われる「過労死」「ブラック企業」「社畜」という言葉についても、実はもう少し現実に即して考えるべきではないか。

おそらく、時間単位で言えば、戦争直後復興のために働いた人たちや、私が六〇、七〇年代にいくつかの職場で直接会った人たちは、かなりの長時間働いていたはずだ。しかし、彼らの場合、終身雇用システムに守られ、会社で自らの技術を高められるという意識があり、未来への可能性が見えていたからこそ、精神的には苦痛ではなかった。それを、経営者が労働者を好き勝手に奴隷のように使っていたかのようにみなし、日本人は働きバチだとか、ウサギ小屋に住んでいるなどの表現は、あえて言えば、アメリカを中心とした一つの、日本弱体化のためのイメージ戦略、心理作戦によるものであり、それに日本が乗せられたという面があったはずだ。

アメリカによる日本解体・弱体化計画

アメリカの社会学者、エズラ・ヴォーゲルが、一九七九年に『ジャパン・アズ・ナンバーワン』という本を書き、僅か一カ月ほどでＴＢＳブリタニカより翻訳出版されたとき、日本人は、アメリカ人が日本型経営を高く評価してくれたとして、七〇万部を超えるベストセラーになった。しかし、あの本は日本を評価する本というよりは、アメリカに向けて、日本への警戒心を持つべきだと警告する本であることは、特に最終章をちゃんと読めば分かることだった。あの本の最終的な結論は、「このままではアメリカ型経済システムは日本のそれに、特にアジアにおいて取って代わられてしまう。だからこそ、アメリカは今、日本に対し警戒心を持ち、そのシステムを研究して対処すべきだ」というものだ。これはアメリカの国益を守ろうとする知識人としては当然の姿勢なのに、日本側は、単純な日本賛美論と受け取ってしまった。

その後の歴史経過は、むしろヴォーゲルの指摘を踏まえて、アメリカが日本型経営を解体していく方向に進んだ。七〇年代から八〇年代にかけ「ルックイースト」と言われ、日本型の経済システムが世界的に、特にアジアで発展のモデルとして普及し、東南アジアなどがほぼ円経済圏に向かっていた（この時期に、先述した川喜田先生のKJ法は、アジアでも受け入れられつつあった）。

しかしそれはアメリカから見れば、アメリカ企業が多額の損失を被り、失業が増大した時代でもあった。当時「日米経済摩擦」という言葉が使われたが、あれは「摩擦」などという言葉で表すべきではない。あれは日米経済戦争であった。

一九八五年の、プラザ合意において、アメリカの対日貿易赤字を解消するために、円高ドル安に誘導することが決定されると、日本企業は、利益をドルのままアメリカ国内で再投資し始める。日本国内では、バブル景気や、工場の海外移転が行われ、先述したような終身雇用も解体、日本型経営を日本人自身が手放していく。私は明らかに、アメリカを中心とする日本の解体・弱体化計画が、このとき経済面で実行されたと考えており、経済学者のラビ・バトラ氏も、当時アジア人の立場からこれを警告したが、ほとんど聞き入れられることはなかった。

消えゆく日本文化

こうして、日本型経営が解体されていく過程で、言葉がさらにおかしくなっていった。それまで企業や施設にとって大切とされていた名前、昔の言い方をすれば「のれん」を、日本人自身がないがしろにするようになったのだ。

私が全く理解できなかったのは、なぜ、郵便貯金という名称を、「ゆうちょ」に呼び変えるのか。そして、「私学会館」を「アルカディア市ヶ谷」にするのか。産経新聞のマークを、私からすれば、なぜあんな形に変えてしまうのか。私は、それまで伝統として引き継いできた名前や、会社のシンボルを、安易に変えてしまう姿勢は正直、理解できなかった。

日本の家屋の建て方も、それまでは木造建築や、田舎に行けば、もっと古いかやぶきの屋根もあったというのに、それは次々と姿を消していく。たとえ古く感じても、伝統的な家屋は、丁寧に手を入れて修復していけば百年単位で人が住んでいけるし、だからこそ家族や親戚の絆が保たれていくのに、それがどんどん、マンションに変わっていった。

同時に、大店法や、コンビニエンスストアの出現と共に、それまで町の交流や、相互連絡の場でもあった、タバコ屋さん、本屋さん、ひいては商店街までが姿を消してゆく。確かに、スーパーに行けばそこでほとんどの日常品はそろうし、深夜でもコンビニで買い物ができるなど、私たちの生活は便利になった。しかし同時に、何か、目に見えないものが解体していく、それが八〇年代から九〇年代の時代だった。

国家が目標を失うと同時に、国家や公とは全く切り離された形で、個性、個人の人格、個人の自由な選択という概念が、まるで全面的に正しいかのようにもてはやされ始めた。例を挙げれば、学校における制服は、個人の自由な選択を阻むとか、個人の自由な発想を阻害して優秀な個性を抑圧してしまう、といった言説がまかり通るようになり、中には、裁判を起こす親まで出てきた。私は正直、では制服を廃することによって、どれだけ生徒が優秀で個性的になったのか、ぜひ調査してもらいたいと思う。

学校の制服は、生徒に一体感を持たせるためにも、また、ある意味での平等原則を学校内で徹底するためにも有意義なものだった。学校においては同じ服装をすることで、各家庭に社会的地位や生活水準に差があっても、それを学校内に持ち込ませず、生徒同士は平等であることを示し、生徒は学業やスポーツなどで対等に競い合える、という意義もあった。今後、学校の制服がなくなっていけば、現在のような社会格差が露骨に服装などの形で表れ、学校そのものの秩序も守れなくなっていくだろう。

この章の最初で述べた「公」の感覚が失われた影響は、制服だけではなく、普段の服装や女性の化粧などにも露骨に表れてきた。今や、若い女性が、電車の中などで公然と化粧をするのが当たり前になってきた。私は半分冗談だが、「このままだと、外で着替えをすることも当たり前という時代になるのではないか」と言ったことがある。髪の毛を染めることも、どんな奇抜なファッションをすることも、それは確かに自由であるかもしれない。しかし、「法律に定められていない限り、何をしてもその人の自由だ」「個人の自由をどこまでも拡大することが人間にとって幸福なことだ」という傾向が八〇年代以後、社会に広がってきたことが何を失わせたのかも、また考えなければならない。

まず、「らしさ」という概念が否定された。人間が、外から何らかの価値観や、行動様式を押し付けられるのはよくない、個性を狭めることだと言われ、「男らしさ」「女らしさ」をはじめとして、先生が先生らしく振る舞うこと、学生が、先生と生徒の関係、先輩と後輩の関係を守ることも、古臭い封建的な考え方だということになった。

しかし、学校から社会教育の場としての機能が失われ、単なる知識の伝達の場に過ぎなくなっていけば、今度は生徒が先生に平然と対等の態度で接したり、また極端な場合は暴言や暴力を振るうようなことも起きてくる。それはある意味当然のことで、知識の伝達だけならば、そんな知識はいらないとか、学びたくないという生徒にとっては授業も先生も意味はないということになる。先生が責任をもって「先生らしく」振る舞い、知識以上に、この社会で生きていくためのルールを教える存在であったからこそ、学校の秩序は守られていたのである。

これは企業も、政界も、皆同じであって、企業は社員を守るとともに、社員一人ひとりが企業に対し、奉仕の心を持ち、公の存在として認めていたからこそ、その製品やサービスへの責任感が生まれる。デパートで買い物をしたら、どんな小さなものでもきれいに包装してお客さんに渡すのも、その「公」意識が末端まで伝わっていたからだし、工場の製品にミスが出たら、会社の損得や評判の問題ではなく、社会全体に迷惑をかけること、「公」の問題なのだという意識があった。このような意識を支えるのは、やはり、組織の中の規律と秩序、そして団結力であって、それを上下関係であるとか、会社に従属し自由を奪われることだと考えてしまっては、学生も、社員も、労働者も、また先生や社長もばらばらの個人に解体されてしまい、逆にこの社会の中での位置を失ってしまう。

確かにGDPは伸びていったが、それまで日本経済を支え得ていた日本型経営は、町工場の衰退、技術者や科学者の海外流出などに象徴されるように、衰えていった。多国籍企業によるグローバル化は、合理化の名のもとで、「うちの会社」どころか会社そのものを無国籍化し、リストラという言葉の誤用をはじめ、平然と社員を機械の部品のように取り扱うようになった。

そして国民一人ひとりの生活は、少なくともバブルが崩壊したのち、さまざまな技術、パソコンや携帯電話などの出現によって、便利にはなったが、決して豊かにはなっていない。物質的充足というものは、確かに幸福の最低限の条件として必要だが、同時に、精神的な安定、社会における自分の居場所、自分をめぐる人間関係、そして社会全体の共同体としてのまとまりがなければ、本当の意味で実感されるものではない。総じて、日本の豊かさは、最も肝心なところで、むしろ六〇年代に比べても減退しているのではないだろうか。

政治家の質の低下の原因は小選挙区制

七〇年代初頭までの日本を、全てにおいて美化するつもりはない。しかし、八〇年代以後の時代と、ある意味その必然的な帰結だった小泉改革において日本が決定的に間違ってしまったのは、多くの美点を古い価値観や規制だとみなして安易に破壊してしまったことである。社会においては変えるべきものと絶対に変えてはならないものがあり、それをきちんと見分ける知恵が必要だったのに、そこを見落としてしまった結果である。今でも、日本はこのことをきちんと反省していないし、公の意識を取り戻していないように見えるのが残念だ。

そして政界においても、八〇年代以後、政治家が国民を説得し、正しいと信じる道を示すのではなく、政治家が、だんだんと時の世論を代弁することで得票を目指す、もっと悪く言えば、世論に迎合するような傾向が表れてきた。これに拍車をかけたのは、やはり一九九四年に成立した小選挙区制だった。選挙制度はそれぞれ一長一短があり、小選挙区制そのものが悪いということではない。しかし当時、マスコミを中心に、まるでこの制度に反対するものは悪であり、小選挙区制が成立すれば日本の政治は政策本位の清潔な論戦が成り立つのだと宣伝された。この制度は、結局、日本の政治を逆に政治理念から遠ざけ、「公」意識も失わせるものにしてしまった。

それまでの中選挙区制においては、自民党も、派閥の弊害はあったにせよ、複数の候補が立つことによってお互いが切磋琢磨していたし、自民党内部にも、外交から内政まで、基本は保守でも、さまざまな意見が存在し、社会全体の訴えを受け止めるだけの振れ幅があった。しかし、小選挙区制になると、まず党公認をもらうことが第一で、公認から漏れれば野党に行くなど、政治家がその属する政党を選挙のたびごとに変えたり、また、二〇一七年の衆議院選挙のように、選挙直前に、当選の可能性の高そうな党を求めて離合集散が行われる事態すら生じた。

政治家を目指すのならば、「地球単位で考え、地域単位で行動せよ」という言葉があるが、地元、つまり地域の国民の意見や悩みを、それこそボトムアップですくい上げる姿勢が基本的に必要なはずだ。その視点があってこそ、初めて国全体の政策が判断できる。しかし、単にそのとき人気のあるリーダーや、また「風」という、いつ変わるか分からない世論の支持だけを当てにして政党に入るような政治家が増えれば、確実に、日本は政治的交渉力が落ち、国際社会における力を失っていく。小選挙区制は、現実的にはそのような事態を招いたとしか考えられない。

そして、このように政治家が、政策よりもその時々の世論に迎合するようになれば、政治も選挙も、必然的にスキャンダルを暴くようなことが、政策よりも選挙戦の論点になっていく。今の報道でも、安倍政権の外交問題や内政よりも、森友学園や加計学園に政治家が関わったかどうかのほうが、はるかに政治の重要な論点であるかのように報じられているが、これもこの流れに沿ったものだ。そこから「情報公開」や「内部告発」が、全て正義であり徹底すべきものであるかのようにみなされ、告発者が単純に英雄化される傾向すら出てきた。

私は普通の日本国民のように、会社に就職したわけではないから、日本企業に関して責任のあることは言えないかもしれないが、企業関係者とさまざまな交流をした中で断言できることがある。それは、日本企業は少なくとも七〇年代までは、その会社の目的を達成するためには、公には計上しない形で使われる予算というものが必ずあった。それは汚職などという低次元のことではなく、何らかの計画が予算通りにいかないときには、経営者の裁量で自由に動かせるお金がなければ実現できない、という常識的な判断によるものだった。だからこそ、私の若い時代は、例えばチベットのために寄付する、チベット文化のための施設を作る、というときには、企業家や政治家が、自分の判断で支援してくださることもできた。

そして同時に、情報というものを、企業もまた大事にしていた。私たち当時外国に行き来していた者の報告やさまざまな関係からの情報を、国家も企業も、自分たちの舵取りのために大切に扱い、また収集するためには資金も力も惜しまなかった。

しかし、やはり八〇年代以後、今も流行り言葉であるが、ガラスばりの経営にすべきだとか、ワンマンで情報を公開しないのはいけない、政治家も徹底的にオープンであるべきだ、政治資金を公開せよという時代となり、企業も政治家もそのような予算を使えなくなってしまった。

では、それによって全てが清潔になったかと言えば、逆に志ある企業や政治家は減り、かえって、弁護士や経理が法律上、帳簿上は問題なく処理する形での、単なる公私混同が増えただけだった。

「自由」は「民主主義」と同義ではない

私たちが決して忘れてはならないのは、八〇年代以後強調され過ぎた「自由」は、私たちが今普遍的な政治的価値であるとする「民主主義」と、決して同じものではないことだ。これは特にヨーロッパにおいて、自由の行き過ぎとさまざまな革命運動の歴史から学ばれたことだが、個人の自由を無制限に拡張していけば、社会の秩序は崩壊し、結局単なるモラルなき弱肉強食の世界を作りかねないので、その自由を規制するルールを、国民皆で作り上げていこうというのが、民主主義の根本的な姿勢だ。つまり、自由と民主主義とは、ある意味対立する概念で、だからこそその両方が必要なのだ。

そして、そのルールは、独裁者が恣意的に上から決定し命ずるのではなくて、政治家が民意をくみ取り、かつ、調整することによって決めていく。そして、その決まったルールは、皆が守らなければならない。しかし、日本では、特にマスコミや知識人によって、民主主義とは多数決だ、世論に従うことだ、自由を拡大することだという、まったく間違った話が広められてしまった。日本人が今、かつて社会を最も安定させていた時代を想起し、その価値観を再評価することは、日本の民主主義を成熟させ、国民の団結を取り戻すことにもつながるはずだ。

第四章　「国際化」の流れの中で国際感覚を失った日本人

国家意識を希薄にさせる「国際化」

西欧に追いつき、さらに追い抜くほどの経済的な豊かさと国際的な地位を得た段階で、日本国は逆に国家の目標を失い、その後出てきたのが「国際化」という言葉だった。しかし、「国際化」によって、日本においては、「国家」というものを限りなく否定する方向に向かってしまい、同時に、日本の過去の歴史伝統も否定する方向に向かってしまったとしか思えない。

「国際化」というときに忘れてはならないのは、その国際社会とは、あくまで「国家」が、何よりも大切な単位として存在することだ。国家が存在し、それを統治する政府があり、その主権が及ぶ範囲が国境により限定されている、このことを無視したり、軽んじたりすれば、それこそ、弱肉強食の国際社会で生きていくことはできない。私はこのことを、祖国を奪われてしまったチベット人として何度でも強調しておきたい。

国家主権が明確に確立している前提なくして、国際化は語れない。国家が国民に責任を持ち、そして国民が、それぞれの思想信条や階層、社会的地位を超えて、運命共同体として存在しているという意識なき国際化は、その時々の世界の潮流に合わせて漂う漂流船のような無国籍の集団を生み出しかねないのだ。

これは小沢一郎氏をはじめ、多くの政治家やジャーナリストが「国連中心主義」を言っていた時期にも感じたのだが、国際連合という組織は、あくまで国家を単位として成立している連合組織である。国連は世界政府でもなんでもない。確かに、国連は世界的な規模で取り組むべき問題を提示し、平和や環境問題について、国家間でその使命を果たすことを求めることはあるが、それもあくまで、国家単位での取り組みが原則である。当然ながら、国益とその使命が対立することも、しばしば起こりうる。

「国連」とは「戦勝国連合」のこと

もともと国連は、第二次世界大戦の勝者である連合国、アメリカ、ソ連、中華民国、フランス、イギリスを中心に、一九四五年一〇月二四日に結成された。英語表記の「United Nations」は、第二次世界大戦中に枢軸国に対していた連合国が自陣営を指す言葉として使用していたものだ。当初は五一カ国が加盟していたが、後に独立したアジア、アフリカ諸国が参加していき、現在は一九三カ国からなる。国家を持ち得ていない各民族は、代表なき国家民族機構（Unrepresented Nations and Peoples Organization＝ＵＮＰＯ）という組織があり、ここにはチベット人の他、クルド人、南モンゴル人などが参加している。

国連はこのように、日本国憲法同様、設立されてから長い年月が経っており、時代に合わない状況もいくつも生まれている。しかし、私はだからと言って国連の存在を否定しているのではない。第二次世界大戦以後、中東戦争、ベトナム戦争、湾岸戦争、イラク戦争など多くの地域戦争は起きた。チベットだけではなく各民族への弾圧も世界中で起きている。それらに対し、国連が、特に安保理事国における各国のエゴイズムの対立から、十分な平和への手段をとれなかったことは事実だ。しかし、では国連という組織が全く存在しなかったら、これらの戦争は大国間の直接の戦争に発展し、世界戦争が勃発した危険性もあったかもしれないのだ。また、最近ではアメリカはブッシュ・ジュニア政権時代、国連をほとんど無視した形でイラク戦争を強行し、その結果フセイン政権は倒したが、より巨大な混沌を中東にもたらしてしまった。

国連は世界保健機構などを通じ、さまざまな世界の伝染病対策、特にＨＩＶ対策などでは一定の役割を果たしていることも事実である。もしも、国連中心主義を語るのならば、現在の国連をいかに改革し、現実の世界平和により貢献できる組織にするかを、日本が積極的に提案する必要がある。

国連はあくまで国家を一単位として構成されていることを認識した上で、例えば、平和維持のための国連軍をどう編成するかなどを考えていくべきであろう。今の国連の大きな欠点の一つは、独自の軍事組織を持たないため、国際社会の秩序を乱す国に対しても、国連決議で制裁を加える以上のことはできないことにある。同時に、国連がそのような軍事組織を持たない間は、日本が自国を防衛するためには日本独自の軍隊を持たざるを得ない。各国の主権の防衛は、現時点では、各国が責任を持つしかないのだ。国連中心主義を語るのならば、このような覚悟は最低限必要となる。

そして、日本国内の意見として、日本の国連負担金は高額過ぎるというものがある。

順位	国名	分担率（%）	金額（ドル）
一位	アメリカ	二二・〇〇〇	五億九四〇〇万
二位	日本	九・六八〇	二億三七〇〇万
三位	中国	七・九二一	一億九三九〇万
四位	ドイツ	六・三八九	一億五六四〇万
五位	フランス	四・八五九	一億一九〇〇万
六位	イギリス	四・四六三	一億九三〇万

国連分担金の負担率と金額

出典：外務省「2014-16年 国連通常予算分担率・分担金」(2016年)

以下、ブラジル、イタリア、ロシア、カナダが続く。

この表を見る限り、日本は現在第二位である。しかし、国連負担金は、各国の経済力、特に国民総所得（GNI）などを基に算定されているもので、先進国は重く、発展途上国は軽くなるよう設定されている。日本は現在の経済力から見れば応分の負担を求められているのであり、日本が特に高負担であるわけではないことは理解しておく必要がある。むしろ、二〇一九年における、国連分担金において、日本は八・七二％、中国は一〇・八一％が求められることになり、中国が第二位となるという試算も報じられている（二〇一七年八月六日付東京新聞）。問題は、日本の分担金の額ではなく、それが日本の国際的地位を向上させるために有効に使われていないことにある。

中国の野心と日本の国際感覚のなさ

二〇一七年は、日中国交正常化四五周年の年だった。この四五年の間、中国は日本の経済支援や技術支援、ODAなどを活用することで大きく発展してきた。そして軍事的には、東シナ海、南シナ海に進出し、アフリカのジブチ（スエズ運河とつながる紅海の入り口に位置する戦略上の要衝）にも基地を開設した。しかも中国が巧みなのは、基地開設の目的を、ソマリア沖で海賊対策などにあたる部隊への補給のためとし「国連決議に基づく護衛任務という国際的義務を果たすためのものだ」（中国外務省）と理由付けていることだ。実際には、これはあとに述べる中国の巨大経済圏構想、というよりあえて言えば世界支配構想の「一帯一路」の海洋ルートの拠点となることは、ほぼ明らかだ。少なくとも中国はこのように国際社会において影響力を行使しようとしている。

これに対して、現在の日本はどうかと言えば、確かに安倍政権誕生後はそれなりに努力し、外交成果を上げていることは事実なのだが、まだまだ、多くの問題をパッチワーク的に、その場しのぎで処理している感はぬぐえない。ＯＤＡにせよ、外交・安全保障政策にせよ、日本国が国家戦略を持ち、五〇年、六〇年のタームで国際社会に関わっていく姿勢はまだまだ不十分としか思えない。これはやはり、日本が「国際化」を語りつつも、真の意味での国際社会を理解せず、「国際感覚」に乏しいからではないだろうか。

国家はある意味では生き物であって、国力は時には増し、また時には衰えて弱体化することもある。国家の力が衰えた場合、国際的な発言力は明らかに低下する。それは国際社会の冷厳な事実なのだ。国家の力を維持することが国際社会においていかに重要か、そういう感覚も少し日本では鈍い気がする。かつてある政治家が、「科学技術において常に日本が一番である必要はない。二番ではダメなのですか」という発言をしたとき、これほど「国際感覚」に反した発言はないのだが、当時はそれほど批判は起きなかった。そこには、国際社会の最前線で、他国と技術をせめぎあうこともまた国家の大きな使命であり国益を守る戦いなのだという意識が欠如していた。実はこの姿勢は、日本から科学技術者や研究者が、より賃金の高い国へ流出してしまうこと、それが国益の大きな損失であることを理解できないことにも関係している。

このような国際感覚のなさの原因の一つは、幸福な歴史であったかもしれないが、日本国は二六〇〇年以上の歴史の中で、大東亜戦争以外、大きな戦争を長期間他国と戦い、本土を占領された経験がないことである。中国をはじめ、ヨーロッパでも、大陸系の国々は、歴史的にしばしば戦争を体験し、他国の領土を奪ったり、あるいは奪い返され、さらに領土を失うという経験をしている。これはフランスとドイツの間でもそうで、だから『最後の授業』という小説も書かれた。あの小説は、フランス領だったアルザス・ロレーヌ地方を普仏戦争でドイツに奪われたことをフランス人の視点で描いた小説だが、もちろん、ドイツの側から見れば全く違う物語になるだろう。

これは、日本が島国であり、海によって諸外国から隔てられ、ある意味守られていたおかげでもある。しかし、科学技術の進歩は、交通手段を船から飛行機に変え、ついには宇宙においても戦略衛星が飛ぶところまで行きついた。こうして、交通手段も変わり、宇宙開発も論じられるようになれば、必然的に、島国だから安全であるとは言えなくなる。

二〇一三年一一月、中国は尖閣諸島上空などを含む東シナ海の広範囲に、戦闘機による緊急発進（スクランブル）の基準となる「防空識別圏（ＡＤＩＺ）」を設定したと発表した。中国の防空識別圏を飛行する外国の航空機は、飛行計画を明らかにした上で、中国軍の指示に従わなければならないという宣言であり、当時の伊原アジア外務省大洋州局長は「尖閣諸島はわが国の領土であり、中国側が防空識別圏を設定することは遺憾だ」と抗議している。中国は尖閣諸島を自国の領土だと言うだけではなく、空にまで自らの主権を主張するような時代がやってきたのだ。しかし日本では、「防空識別圏」という言葉を聞いても、その危険性をなかなか実感できていない。これもまた、国際感覚のなさなのである。

尖閣、竹島問題も日本の国際感覚のなさが原因

同時にこの時期、鳩山由紀夫元首相は、香港フェニックステレビのインタビューに対し、「中国側からみれば、盗んだと思われても仕方ない」「（尖閣諸島は）まさに係争地だ。日本の政府のかたくなな態度が続いてしまえば、日中関係をますます厳しくする」などと発言していたし、朝日新聞では若宮啓文《よしぶみ》論説委員が、この問題は中国と対話して解決すべきだという趣旨の発言を行っていた。しかも同じ朝日新聞は、二〇一七年二月一六日付の社説「領土教育　複眼的な思考こそ」においても、自国の主張を軽んじるような主張を述べている。この社説は、北方領

土、竹島、尖閣諸島は「我が国の固有の領土」で、尖閣諸島に「解決すべき領有権の問題は存在していない」という記述を、日本政府が小中学校の学習指導要領に組み込んだことを批判している。

「政府の見解を教えるだけではなく、相手国の言い分も伝え、世界を知り、自分の頭で考えることをうながしたい。領土は各国のナショナリズムや利害がぶつかり合い、外交上の摩擦の要因になる。子どもたちが日本の主張を知っておくことは大切だ」

「だが政府見解は数学の公式とは違う。日本の立場の表明であり、それを学ぶのみでは現実は理解できない。教室で『尖閣に領土問題は存在しない』と教えても、中国船による領海侵入のニュースは流れる」

「文化も経済も、国境を軽々と越えていく時代に、自国の主張が正しいと言いつのるだけでは共感は得られない。育てたいのは、相手の立場を理解し、冷静に考え、議論し、共生の道を探ろうとする人材だ」

これが典型的な「国際化」を勘違いし、国際感覚に反した発想なのだ。領土問題は世界中に存在するが、それぞれの国家が、まず自国の立場と国益に基づいた教育を国民に行うのは当然のことである。尖閣諸島において、日本と中国の間では意見が異なり、それこそナショナリズムと利害が対立する。そこで、日本側が、政府も国民もはっきり自国の立場と意見を表明できるだけの力を持たなければ、その領土を守ろうという意志も生まれない。そして、現在中国が尖閣諸島に対し行っていること、また、韓国が竹島に対し行っていることは「自国の主張が正しい」と言いつのり、相手である日本国の反論には耳も貸さない姿勢ではないか。そのような相手に対しこちらが理解をしようと務めるのは、国際社会においては、日本側の弱さとしか伝わらないのだ。

現在でも、「尖閣諸島などという小さな島のおかげで、日中関係が悪化するのは馬鹿馬鹿しい」などという主張も日本では平気でなされている。しかし、仮に中国側の要求に応じて尖閣を譲れば、次には沖縄を中国は狙ってくる。そして沖縄の次には九州と、相手が「この国は強気に出れば譲る」と思えば、どこまでも無理な理屈をつけて、領土や主権の正当性を主張してくる。

もう一つ領土問題で分かりやすい例は竹島問題である。この問題については、申し訳ないが、私は日本側の無策が事態を悪化させたと言わざるを得ない。一九六五年に結ばれた日韓条約において、竹島の領有権は両国の主張が完全に平行線になり、結局、「竹島密約」という形で、両国は以下の姿勢を共有することになった。

（一）両国とも自国の領土であると主張することを認め、同時にそれを反論することに異論はない。

（二）しかし、将来、漁業区域を設定する場合、重なった部分は共同水域とする。
（三）韓国は現状を維持し、警備員の増強や施設の新設、増設を行わない。
（四）この合意は今後も引き継いでいく。

しかしこの密約は韓国により破られ、一九八〇年代以後、韓国側は次々に、ヘリポートを置き、民間人の観光客を誘致し、竹島を実効支配するとともに、竹島をデザインした切手まで発行し、島が「独島《ドクト》」という韓国領土であることを、国民に徹底して教育していった。

これに対し明確に抗議し、かつ行動しなければならなかったのに、日本側は自民党も含め、問題を先送りするだけで、領土を守ろうとする現実的な政策を取らなかったのだ。自衛隊が憲法九条下では動かせなかったと言っても、相手国が密約を破棄し、自国の領土を侵略してきたときに、日本の立法府は、新たな自衛隊法を制定してでも事態に対処しなければならなかった。

現実に数十年にわたって韓国が実効支配しているという事実は、国際社会においては決して軽くない。竹島が日本の領土であることを、いかに日本側が歴史的な資料や証拠に基づいて説明しても、それならばなぜ当時日本国はもっと強くそのことを主張しなかったのか、今に至るも放置しているのか、という疑問を国際社会は持ってしまう。そして、竹島問題で明確な抗議の姿勢を示せなかったことから、現在韓国は対馬に対しても、観光や、土地の購入などで強い姿勢を示すようになってしまった。

領土は固定したものではない、「守る努力」が必要

実は、中韓両国だけではなく、大陸国家においては、領土というものは、固定したものではない。領土とは自国の支配力が及ぶ範囲であり、だからこそ竹島を韓国が実効支配している意味は大きい。

尖閣諸島に対し、日本国政府は野田政権時代、この島を国有化する方針を打ち出したが、その後、既成事実を作り、この島を自国の領土として世界に発信する行動は起こしていない。中国側は平然と領海を侵犯し、空の主権まで主張しているのだから、日本がより強い形で国家意志を示さなければならないはずだ。日本の漁師が自由に尖閣諸島周辺で漁業活動ができ、また希望する人は自由に上陸できること、さらに言えば、自衛隊が駐屯し、国土開発が行われるということこそが、この島が日本の領土だということを示す唯一のバロメーターである。それらを実行しないのも、国際感覚の欠如であり、国際社会がこの問題をどう見ているかが理解できていない証拠である。

結局、石原慎太郎都知事時代、東京都が集めた尖閣基金も死んだお金になってしまっている。

寄付した人の心情を思えば、あの基金は、尖閣のさまざまな開発のために使われてこそ意味があるはずだ。

これに対し中国の場合はどうするかといえば、まず、自分の領土だと勝手に宣言し、中国式の名前を付ける。半分冗談を交えて言えば、犬や猫が、しばしば自分のにおいをつけて縄張りを示すことと似ているかもしれない。今、中国はインドとの間でさまざまな国境紛争を起こしているのだが、その国境地域にいくつも勝手に名前を付けてしまう。例えば二〇一七年、中国はインド、中国、ブータン三カ国が国境を接するドクラム高地で、七月から八月にかけて軍隊を駐屯させ、インド軍とにらみ合いを続けていたが、その地を「洞朗《どうろう》」と名付けている。八月二八日、双方が撤退することで合意されたが、中国側は規模は縮小しても「中国部隊は洞朗地区で警備と駐屯を続ける。領土と主権を守る」と強調し、国境紛争はいまだに解決していない。あえて誤解を恐れず言えば、この中国の態度はある意味、この国際社会においては、はるかに「国際基準」「国際感覚」として正しい。このような姿勢を示したときに初めて、国際社会に自国の領土について国家意志を強く訴えたことになる。

このように中国風の名前をその土地に付ければ、例えば各国の報道機関がこの問題を報じるときに、「ドクラム高原、中国名では洞朗をめぐる紛争では」というふうに、中国の主張が自動的に入るようになる。これは中国では国内でも行っていることで、私たちチベット人は国を奪われ、虐殺されただけではなく、二級市民として扱われ、そして人間の名前にも干渉されて、中国風の名前を強制された。これは今ウイグル（東トルキスタン）でも起こっている。イスラム風の名前を付けることはどんどん禁止されていく。そしてチベットという国名すらも一時期は否定され、ＪＡＬの機内雑誌にも「西蔵《シーツァン》（Xizang）」という呼び方が記載されたことがあり、私は何度か抗議した思い出がある。

国際社会においては、国を守るということはそれほど厳しい決意を必要とすることであって、それに失敗して国を奪われれば、いつか、自らの名前すらも自由に選べなくなってしまう。それが国際社会の現実なのだ。そのために、各国政府は、自国の主張を国際社会に発信することに不断の努力を払っている。

国旗に敬意を表するのは国際常識

しかし、例えば日本のＮＨＫなどを見ていると、これは果たして、本当に日本の公共放送なのかという疑問を持つことすらある。ＮＨＫの番組を制作している人たちはぜひ考えてほしいことだし、国民も、受信料という形でＮＨＫを支えている以上、忘れてはならないことだと思うが、外国人が日本の公共放送としてＮＨＫを見るときには、今、日本政府は何を考えているか、何を主張しどのような方針を国際上持っているのかを知りたくて見ているのだ。それなのに、日本の領土、日本の国益、主権に関してすら、NHKの番組はしばしば第三者的な、中立報道に名を借りて日本の立場を明確にしない放送をしている。これも、公共放送の役割というものを理解していないからこそ起きることであり、国際感覚の欠如なのだ。

このように第三者的に、中立の立場でいることが、国際人であるような誤解、国家に属していることをできるだけ表現しないことが国際人としての在り方だという大きな誤解、これが、八〇年代以後に日本が陥った大きな過ちだった。それは、自分だけがこの国際社会の苛烈な現実の外に生きている、世界がどんなに激烈な戦いをしてもその外で平和に生きていくことができるはずだという、あえて言えば、国際化というより、むしろ逆に世界から閉ざされた鎖国の平和に近い感覚である。本人たちは、まるで神の視点になったかのように、全ての現実の対立を上から公平に眺めているつもりかもしれないが、国際社会はそのような発想に合わせて公平に行動してくれるわけではない。

そして、特に八〇年代以後、日本においては「国際化」が叫ばれると同時に、国家とか、国民とか、特に国益といった言葉が、時代遅れのものとして否定され、時にはそのような言葉を使う人たちを右翼とレッテル貼りをするようになった。同時に、日本の国旗や国歌が、公的な場から少しずつ減っていった。私はかつて「職業的愛国者」という言葉を使ったことがあるが、誤解を招きかねない街宣活動においてのみ、国旗が堂々と飜っているような現象も見られた。

しかし、自分の国を愛する、少なくともその国の言葉、歴史、伝統、また民族性を、いい面も悪い面も含めて自分のアイデンティティとして受け入れるというのは、ごく自然な感情である。それを右翼と言うのであれば、私もそうかもしれない。しかし、国旗や国歌を、軍国主義と直結するものとして否定し、それを忌み嫌うことが国際化であり進歩的であるかのように考えることこそ、国際社会では非常識なことである。

国旗をむやみに振り回し、自分の主張の正当化に使うのは、むしろ国旗に対する非礼だ。国旗は、国際的にきちんとした取り扱いのルールが存在する。日本でもスポーツ大会で行われることだが、多くの国では、スポーツ大会のみならずさまざまな場面で、時には映画の上映会においても、国歌の演奏や国旗掲揚は神聖な儀式として行われる。そのときは、会場にいる人たちは、自国の国旗に対しそれぞれの国のやり方で敬意を表する。しかし、日本で時々見られることだが、そのような場で起立もせず、国旗掲揚、国歌斉唱を無視したり、時には隣とおしゃべりをしたりしているようなことは、ある意味、非礼を通り越して、その国に対し挑発していると見られかねない行為だということも、知っておいた方がいい。これも重要な国際感覚、というより国際常識である。

実はこの国旗のことで、チベットの運動をしているときに問題が起きたことがある。

一九八〇年代末、チベットでは中国共産党の弾圧に対し激しい抵抗運動が起きた。私は、東京大学の酒井信彦先生、僧侶の小林秀英《しゅうえい》先生など、日本の方々の協力を得て、何度かチベットを支援し中国の弾圧に抗議するデモや集会を企画した。しかしその際、私たちチベットの国旗(国は失われたが、私たちは白頭獅子の美しい国旗をシンボルとして持っている。しかも第二章で触れたように、この旗は日本人がデザインしたものである)を掲げることには反対はなかったのだが、日本国の国旗である日章旗を掲げ、両国国旗がともに行進することに対して、日本の支援者の一部から疑問や反対の声があがったのである。

彼らにとって、日本の国旗は軍国主義や侵略の象徴であり、それを持つことで、このチベット支援が右翼の運動に見られたくない、という意識があったのだろうと思う。私は、どのような政治的な立場の方や、思想信条を持つ方であれ、チベットのことを応援してくださればそれだけでうれしいし、拒む気持ちは全くない。しかし、これは、私としては譲れない問題だった。

チベット旗は、日本においてチベット支援の場で掲げられる場合、日本の国旗と共に並んでこそ、民族の意志、自決や独立を求める意志を示すものとして意味がある。そうでなければ、極端なことを言えば、一枚の絵がそこではためいているに過ぎない。日本国と同様の独立する権利を持ち、主権を回復し民族自決権を確立する意志を示すためにこそ、私はチベット旗を日本の国旗と共に掲げようとしたのであって、もちろん、私がアメリカにいれば、星条旗を共に掲げたと思う。それを否定されれば、私はチベット人としての祖国への愛は認めるが、日本国民が日本国を愛し国旗を尊重することは認めないという運動をしたことになる。それは真の意味でチベットと日本の連帯の運動ではないのだ。

国家観の喪失が国を滅ぼす

このように、日本の国旗を持つことを否定する人たちは、しばしば「国民」という言葉よりも「市民」という言葉を選ぶ傾向があったように思う。私は、この言葉が使われるようになった背景には、ソ連崩壊によって共産主義の理想に説得力が失われ、「労働者」といった言葉が使われなくなったこともあると思っている。この言葉もまた、九〇年代以後、多くの人々に受け入れられ、「国民運動」「学生運動」といった言葉より「市民運動」という言葉が受け入れられるようになった。これもまた「国際化」の産物だった。そこには、国家は国民に、国防のために時には死をも強制する危険なものとして否定的に受け取ろうとする意識があり、「市民」とは、あくまで個々人の幸福や平和を求めるものだという意識があったのではないか。

しかし、そのような国家からの制約から解放された「市民」とは、国家への果たすべき義務を放棄し、しかし、生活上のさまざまな恩恵だけを求める存在である。国際社会においてそのような存在はあり得ない。もしも、本当に国家を超えた市民として平和を実現しようというのならば、日本が世界全体をリードし、国際社会を現在の弱肉強食の、各民族、宗教間の対立に満ちた世界ではなく、もっと調和のとれた、秩序ある世界に変えていかなければならない。そのためには、日本が国家として外交、経済、軍事、全ての面で強力にならない限り、そのような道筋を作ることは不可能なのだ。そして、その理想を目指すのならば、なおさら、現実の国際社会における情勢分析を正確に行わなければならない。国際法や、国旗、国歌に関する国際慣習などは、国際社会の普遍的なルールであり、それを守らずして国際社会が日本の言うことを聞いてくれるものではない。

そして、国家が一つの単位であり、その主権を守るということは、単に領土領海を軍事的に防衛すればいいということだけではない。そこで絶対的に必要なのは、国家としてのアイデンティティ、運命共同体としての日本に根差した伝統文化、歴史的な体験、自然環境、宗教的価値観などにおいて、他の国とは違う独自の価値観を確立することが、実は国際社会で堂々と振る舞うために絶対必要な前提条件なのだ。

このことは、決して自国が偉ぶることでもなければ、他の国を差別したり蔑視したりすることでもない。もちろん、他国にへつらうことでもない。それぞれの主権国家が、個人同様、一つの人格として立ち、その立場をお互いが尊重する、そのような関係こそが国際社会の目指すべき道であり、同時に、国際人としての精神の持ち方でもある。

八〇年代以後の日本のことだけを悪く言い過ぎたかもしれないが、私が日本に来た六〇年代にも、このような「国際化」の象徴は少しずつ表れていた。例えばグループサウンズという音楽スタイルが流行りだしていて、その多くは、イギリスやアメリカで流行っているものを表面的になぞる、それに無国籍的な歌詞を載せるようなところがあった。もちろんこのような音楽があってもいいが、私は、日本語の歌詞をきちんと聞かせるような音楽が古いとされていくことには抵抗があった。

もう一つ、当時は日本の総理大臣は佐藤栄作氏だったが、その夫人が、外国に行ったときに、当時流行のミニスカートをはいたことがあった。私は正直、佐藤首相の政策は基本的に尊敬していたが、この夫人の立ち居振る舞いには疑問を覚えた。

当時流行だった服装をすることが、国際的には好意的に受け入れられるだろうとたぶん夫人は考えたのだろう。しかし私としては、そんなものは国際化でもなければ新しい感覚でもないし、日本の首相夫人にふさわしいことでもない。例えば東南アジアの指導者は、堂々と、自分たちの民族衣装を着けて国際社会の社交の場に出て行く。それが、彼らなりの誇りであり、民族の主張を国際社会にアピールする姿としてふさわしいと考えているからだ。

例えば、あの小国のブータンでも、国際会議は民族衣装で参加している。そして、国際的な慣習としても、会議には正装で出席するというのはルールだが、タキシードを着なければならないというルールなどはない。それぞれの民族衣装における正装であればよいのだ。この服装自体が、彼らの民族の歴史と伝統への敬意であり、その何百年の歴史を今私は国家の中枢で継承している、という無言のメッセージでもある。

英語やPCだけで国際感覚が身につくのか

そして、日本が国際社会の常識からかけ離れている大きな問題は、全く根拠のない、GNPに対する防衛費を一％以下に限定するという方針だ。これは正確には、一九七六年の三木内閣時代に閣議決定され、八六年には、アメリカの要請もあり中曽根内閣が公的には撤廃したものの、現在も慣習的に日本の防衛費予算の前提とされている。

そもそも防衛費の上限を制限するということ自体が、国際感覚からしたら非常識極まりないことだ。防衛費とは、周囲の国々との外交関係や、状況の緊迫性を考えながら、その時々で決定していくことで、国際政治が生き物のように時代によって姿を変え、危機においては必要なだけ増額するという国際常識に基づいて決定されるべきものだ。

現在（二〇一七年末）これほど北朝鮮情勢が緊迫化しているというのに、例えば防衛力の増強、防衛予算の増額の必要性が、二〇一七年の衆議院議員選挙でもほとんど議論にならなかったことは、実は国際的には異常なことなのだという認識を日本国民も政治家も持つべきではないだろうか。もしも本当の意味で国際化を考えるならば、国際社会で日本が主権を守るために必要な法律と国防費を備えることは、全く当然のことなのである。

そして、日本には明治維新以後、すでに素晴らしい国際化の伝統が実はある。日本ほど、外国の文学や哲学、科学の本が翻訳され、しかも一般の人々がそれを読んでいる国はそうたくさんあるわけではないのだ。これは、明治以来の、英語をはじめとする外国語教育のたまものである。

しかし「国際化」「国際感覚」のために、英語やパソコンを小学生からやらせたりすることが、本当に正しいかどうかは冷静に考える必要がある。確かに現在はＩＴ時代になり、英語は完全に国際語になっているので、英語の学習は必要だ。しかし、日本人が、まず日本語の語彙が豊かになり、歴史、文学、自国の伝統文化などをしっかり学ぶことなくして、真の意味での国際人は生まれない。英語の学習、特に会話の学習を優先すれば国際人になれるというわけではない。まず自国の言葉でしっかりと意見を述べ、文章を読みこなせるようになってからでなければ外国語の表現力も身につかないのだ。

これは、やはり明治時代について考えてみればよく分かる。当時の知識人たちは、会話よりも、まず英語の読解、そしてさらに才能のある人は、英語で日本の文化や政治的立場を堂々と書くことができた。新渡戸稲造の『武士道』もそうだが、日本やアジアの文明史を深く理解し、自らも優れた芸術家であった岡倉天心が『東洋の理想』『茶の本』などの代表作を、全て英語で書き、欧米人に深い感銘を与えていたのである。

実際に使える英会話や、ＩＴ時代に必要な専門用語の勉強をすることを否定しているのではない。しかし、明治時代の英語教育や、それによって学んだ知識人たちが、現在の私たちよりもはるかに深い知識を持つ「国際人」だったことは知っておいた方がいい。過去の英語教育、日本人の外国文化や外国語の学び方は、決して小学校からの会話を中心とした英語教育ではなかった。まずは何よりも、自国の文化伝統を学ぶこと、そして、偉大な外国の思想家の文献を読みこなすだけの力量をつけることだったのである。会話にこだわる方にはぜひ言いたいのだが、私が一九八〇年代アメリカに行ったときに、読み書きが正確にできない人や、英語をちゃんとしゃべれないタクシーの運転手などはたくさんいた。国際化とは英語ができることではなく、英語で、自らの日本人としての立場をはっきり表現できることである。

もちろん、英語能力を多くの日本人が持つことは意味がある。しかし、外国語を学ぶときに、中国語であれ、韓国語であれ、よく言われる「両国の友好のためにも言葉を学ぼう」というような、いかにも「国際化」時代の言葉といったものに騙されないほうがいい。この「友好」という言葉も「日中友好」から生まれてきたように思えるのだが、友好とは、両者がお互いに友情を持ち、立場を尊重し、お互いに配慮する意志がなければ生まれるはずもないことなのだ。日本がしばしば行ってしまうように、片方だけが友好の意志を持っても、それは相手に付け入られ、利用されるだけである。「日本は隣国と仲良くならなければならない」「対話しなければならない」と言うのならば、相手の「隣国」の側も同じ姿勢と意志を示してくれる必要がある。友好という言葉に勝手に酔い、言葉を学んで多少通じ合えば仲良くなれるという幻想に浸るのではなく、国家と国家の関係が、友好を生み出すような正常な関係たりえているのかどうかを、常に意識していなければならない。

国際社会は個人の付き合いとは違う。国際社会の常識では「友好」とは、国家間の相互の関係が友好であることで、日本の側が友好的であれば、相手国も自然に友好的になるわけではない。特に、お互いの間に配慮の関係がないとき、一方的に日本の側が妥協したり譲歩しても、それは友好をもたらすよりも日本側の弱さを示すことにしかならないことは、先に述べた領土問題の実例でも明らかなことだ。

日本はアメリカ頼みの外交から自立せよ

第二次世界大戦後の冷戦時代においては、日本はアメリカの外交方針に基本的について行けば、とりあえず大きな間違いはなく、また、日米安保が機能して日本国が独自の防衛努力をしなくてもよかった時代が続いていた。確かにソ連崩壊までは、アメリカとの同盟関係を切ることは現実の選択としてはあり得なかった。その上で、例えば中東政策においてはアメリカの親イスラエル外交とは少し違うスタンスを取るなど、可能な範囲内で日本の国益を守ってきた歴史もある。

だが、現在明らかに、アメリカは世界の警察官として、さまざまな諸問題に取り組む意志も力も失いつつある。同時に、かつて良かれ悪しかれ持っていたアメリカの道徳や理想主義をすでに持ち得なくなり、アメリカはむしろ国内問題に自閉し、アメリカの国益のみを守る一つの閉じた大国となっていくかもしれない。そうなれば、日本国はもはや、これまでのようにアメリカ頼りの外交をしていくわけにもいかず、国際社会において、独自の方向性を持って舵を取らねばならない。

そして、これまでの時代は、外交問題は外交官の特権であり、民間の働きかけを拒否するような側面もなきにしも非ずだった。しかしこれからの時代は、真の国際化の時代がやってくる。そこでは、国民が政治家や外交官と同様に、国際的な問題に対し意識を持ち、かつ、それぞれの立場で行動しなければならないのだ。そこで必要なのは、国家の立場やその国家に運命共同体として属する国民の立場を無視した、「世界市民」といった架空の存在を目指す、偽の国際化ではない。日本国政府だけでなく国民も、日本国の国益と、日本国の目指す国際社会の正義の実現のために努力していく覚悟を持ち、日本国の代表として国際社会に立ち向かう精神を持つことである。

これも中国の例だが、かつて中国は、必要なときには民間交流を国家が推進し、スポーツ交流、文化交流、学会交流、そしてパンダまで外交に使う形で自らの国家意志を実現しようとした。日本が、独裁国家である中国の真似をする必要はない。しかし、日本のスポーツ界、文化・学術会議、そしてさまざまなサブカルチャーなどが国際交流の場に出るとき、日本は一方的な思い入れの友好にとらわれて、これらの日本文化の素晴らしいエネルギーを無駄にしているように思えてならない。このような文化面の交流も、日本国がきちんとした方針と政策にのっとって行い、また、文化・スポーツ界もその国家意志を理解して展開していけば、はるかに大きな成果を上げることができ、日本国は国際社会で大きなアピール力を持つこともできるはずだ。

これも日本では、そのような発想はマキャベリズムだ、スポーツや文化交流の場に政治や国益を持ち込むのは良くないと批判される。しかし、例えば二〇〇八年の北京オリンピックは、完全に中国政府の国威発揚の場として使われた。ヒトラーによる一九三六年のベルリンオリンピック以後、ある意味、スポーツも文化も、政治や国際関係から完全に自由であることはあり得ない時代となったのである。

動物も昆虫も、弱肉強食の世界で身を守るためには、自らの色を変化させたり、自分を巨大に見せたりする擬態を行う。同じように個人も、また国家も、弱肉強食の国際社会で生き抜くためには、さまざまな戦略が必要だ。現在のところ、国際法や理性による支配は実現しておらず、国家間、民族間、そして宗教間で苛烈な闘争が起きている。国益をめぐる弱肉強食の争いが、目に見える紛争という形で勃発し、また経済的な侵略や移民による人口侵略という見えにくい形で起きている。それが国際社会の現実である。自分たちは中立であり、国家を超越した市民という存在である、と現実とまったく合わない色合いを示しても、それは滅ぼされてしまうだけかもしれないのだ。

日本人が理解すべき「真の国際化」とは

日本社会には素晴らしい道徳性がある。東日本大震災のときの、被災民たちの冷静さ、暴動も盗みもなく、厳しい運命を受け止めて秩序を守った姿は世界中に感銘を与えた。そして二〇一七年九月、ボクシングジムの火事が電車に燃え移りかかって、電車が一時停車したときに、誰一人不満を述べたり、われ先に飛び降りようとはせず、整然と行動したときも、私は日本人の良さは今も失われていないのだと感動した。

日本人は国家に強制されなくても、社会の秩序を民衆レベルで自発的に守ってきた歴史があり、それは現代の若者に血となり肉となってどこか引き継がれている。例えば外国で同じ事件が起きたら、人々はパニックになり、われ先に助かろうと行動してけが人が出たり、また、その隙に物を盗む人すら現れるかもしれない。つまり、国際社会というのは、ここ日本の中での常識や慣習が、基本的には通用しない場所だという認識を持つこと、それが本当の国際化、国際人の第一歩かもしれないのだ。そして、私たちと違った行動や判断、意識を持つ人たちにも、その人たちが生きてきた歴史、現在の属している国家の性格などさまざまな根拠があり、それは単純に否定すべきものでもない。

国際感覚を持つこと、国際化するということは、国際社会の冷厳な現実を知り、日本国の一員としての立場を自覚し、堅持しつつも、地球規模で何ができるかを考えていくことである。その上で日本国の伝統文化の中で、国際的に普遍化できる価値観を発信していくこと、それがこれからの日本国にも国民一人ひとりにも問われている。

第五章　チベット人が見た覇権国家・中国

中国の一帯一路戦略の危険性

私は、少年の頃から、中国に侵略されたチベット人の一人として、中国には関心を持たざるを得ない人生を送ってきた。そして改めて思うのは、中国の問題は共産主義の問題ではなく、やはり、漢民族の中に潜在的に内在している中華思想の問題だということだ。彼らには、中華思想に基づく「天下一国家」の確立、つまり中国によるある種の世界制覇の幻想がある。辛亥革命を起こした孫文以来、清帝国時代と同じ版図を持つ中華帝国を復興するという、大きな目標があったことはほぼ確実だと思われる。

この目標は、何か途方もない誇大妄想のように思われるかもしれないが、現在の習近平体制が打ち出している一帯一路戦略が、この発想の上に成り立っていることはその内容を見るだけでも分かるはずだ。

一帯一路（One Belt One Road＝ＯＢＯＲ）戦略は、二〇一四年一一月に、習近平国家主

中国の「一帯一路」構想

古代の交易路であるシルクロードの復興と、グローバリゼーションの新時代における主導権獲得を目指す中国政府の野心的試み。

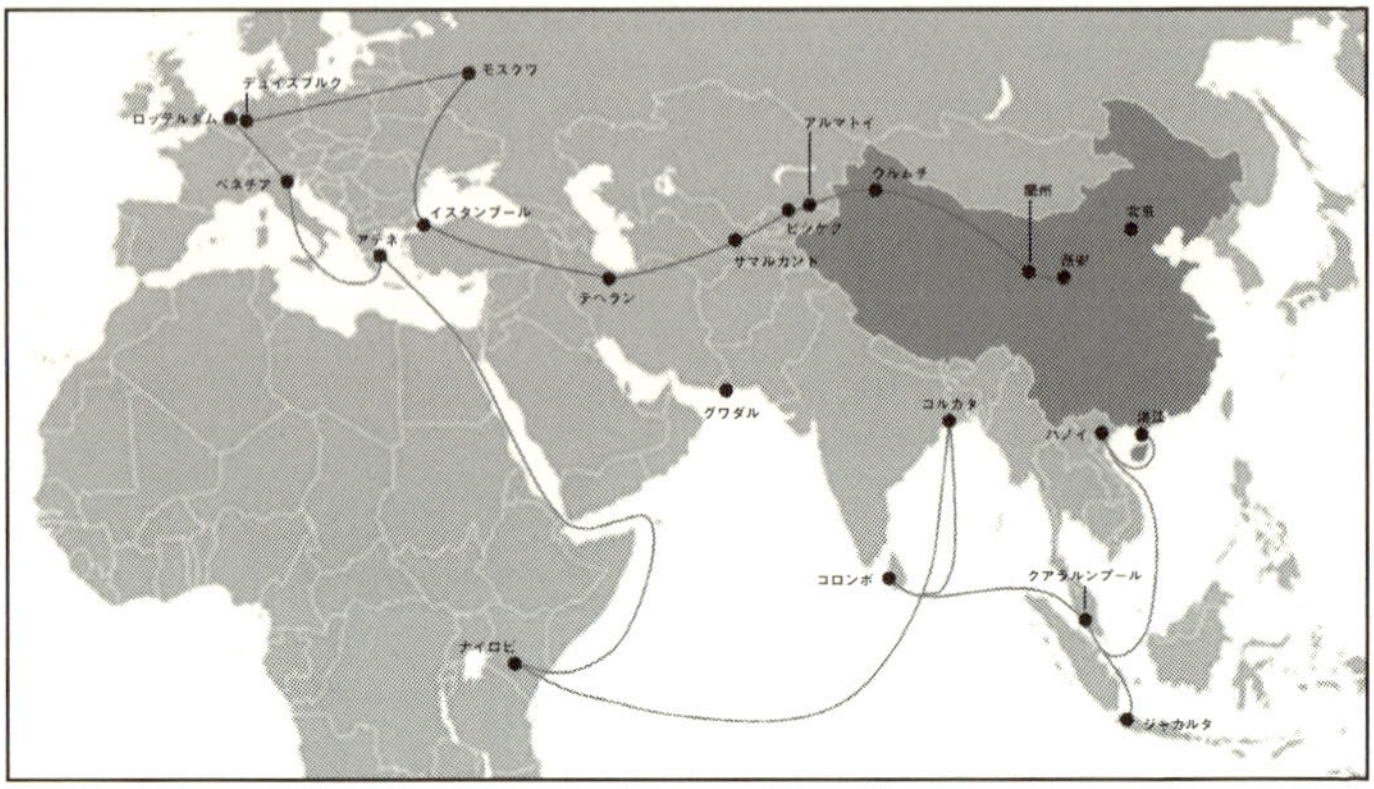

出典：中国国営メディア　(c)AFP/ AFPBB News

席が提唱し、現在の中国の最重要の政治的・経済的目標である。「一帯」とは、中国西部から中央アジアを経由してヨーロッパにつながる「陸のシルクロード経済ベルト」、「一路」とは、中国沿岸部から東南アジア、インド、アラビア半島の沿岸部、アフリカ東岸を結ぶ「二一世紀海上シルクロード」を指す。仮に成立すれば、一帯一路は六〇数カ国に及び、中国がアジアからアフリカ、ヨーロッパにわたる広大な経済圏を確立することになる（上図参照）。

中国の目的は、この広範囲にわたって経済開発の美名のもとに、各地域・各国に政治的にも影響力を持つことで、中国を中心としたネットワーク（経済的、政治的両面における）を作り出そうとしているのだ。

一帯一路戦略では、次の五つの「互連互通」（相互接続）が提唱されている。（一）政策面でのコミュニケーションを図る、（二）道路の相互通行を行う、（三）貿易の円滑化を図る、（四）通貨の流通を強化する、（五）国民の心を互いに通い合わせる。

これは一見、一般的な経済交流を提唱しているかに読めるが、中国が言う「政策面でのコミュニケーション」「国民の心を互いに通い合わせる」こととは、事実上、中国の覇権主義に各国が屈することを意味する。この一帯一路が、海のシルクロードにおいては、中国海軍が展開しうる港湾建設、陸のシルクロードにおいては、人民解放軍が自由に行動できる鉄道、高速道路などのインフラ建設を推進していくことになることを想像すれば、中国の世界戦略が事実上、一帯一路を自らの勢力圏に収めるところにあることは明らかだろう。

そして、先の図をもう一度見ていただければ、わがチベット、そしてウイグル（東トルキスタン）、南モンゴルといった、現在中国が制圧し、各民族を弾圧している地域はこの一帯一路の要所を占める。今後中国が各民族に対し「平和の敵テロリスト」「経済発展を妨害するもの」として、さらにひどい弾圧や虐殺を加える危険性は高く、すでに現段階でその傾向は始まっているのだ。

また私たちが注意しなければいけないのは、中国は、この目的を実現するために、そのときそのときの世界の潮流、自国の国内の状況、隣国との力関係などを見定めた上で、長期的な戦略を立て、一歩一歩目標に向かって進んできたということである。このことは、日本と中国との関係を見れば大変よく分かる。

日中国交正常化――中国側の事情

私が日本に来た六〇年代は、中国は、まだ文化大革命の真っただ中だった。この文化大革命について、当時の日本では、実態を知らない美化した報道や解説により、何か新しい政治体制が生まれてくるかのように肯定的な議論もなされていたが、現実に起きていたのはそんなきれいごとではなかった。

一九五〇年代の中国は、毛沢東によって推し進められた、大躍進政策と人民公社が完全に失敗、全土で大量の餓死者を出し、経済は破綻寸前に追い詰められた。このことへの反省から、近代的な改革をしようとして生まれた劉少奇たちのグループを、毛沢東が自らの権威を守るために弾圧しようとして行われた権力闘争が、この文化大革命に他ならなかった。

毛沢東に少しでも疑問を持つ政治家や知識人たちは、資本主義に向かう「走資派」だとレッテルを貼られた。毛沢東を妄信的に信じる若い紅衛兵たちが動員され、彼らは暴力的に「走資派」たちを攻撃し、時には死に至らしめた。もちろんそれ以前から行われていたことだが、この時期さらに徹底的に、漢人にとっての孔子と儒教、チベットや南モンゴルでのチベット仏教、ウイグルでのイスラム教などの伝統信仰は、全て反動的、封建的だと否定され、貴重な宗教施設や経典《きょうてん》なども壊され、燃やされていった。特に、南モンゴルではこの時期に、チベット同様ジェノサイドというべき民族虐殺が起きており、現在、日本在住のモンゴル人団体は、国際連合教育科学文化機関（ユネスコ）への記憶遺産登録を目指して活動中である。

この文化大革命が全国的な無秩序を引き起こし、近代的な政治家や知識人が追放され、中国経済も崩壊一歩手前に追い詰められていくと、今度は毛沢東は人民解放軍を使って秩序回復を図り、紅衛兵は地方に追いやられた（下放）。そして、中ソ対立によりソ連との緊張が高まり、中ソ国境紛争が戦争一歩手前となると、毛沢東と周恩来は、ソ連に対抗するために、日本やアメリカとの和解を指向していく。

日本と中国の国交正常化が行われた一九七二年は、おおむねこのような時代だった。この時点では、文化大革命で疲弊しきった中国は、日本にとって脅威として認識されてはいなかった。むしろ、仮想敵国はソ連だった。確かに、西側の自由陣営に属していた日本にとって、東側の共産党独裁国家である中国は警戒すべき存在ではあったが、国内が大混乱していた当時、中国は冒頭に述べたような世界に対する野望を露骨に表明することはなかった。毛沢東時代、思想的には文化大革命に象徴されるような過激な革命思想や反資本主義が語られていたのに、政治外交面では、日本に対し、反日運動を起こしたり、尖閣諸島に対し漁船や艦船を送り込んだり、また、抗日戦争勝利イベントのようなことはまず行わなかった。

逆に日本側は、ソ連を叩くために中国を味方につけようとするアメリカの国家戦略の要請もあり、また、日中戦争を体験した世代の多くの人たちは、政治家も国民も、どこか贖罪意識を持っていたし、また中国の古典、文化や歴史へのある種の憧憬も抱いていたのか、本来共産主義に反対する立場のはずの宗教団体も含めて、中国との国交回復や友好を望む傾向が、かなりの広がりをもって存在していた。

また同時に、中国が今後日本や世界にとって大きなマーケットとなり、経済交流や人的交流が進めば、文化大革命のようなことも起きなくなり、平和な国になっていくだろうという、根拠のない幻想も広まっていた。

日中国交正常化は現在の布石に過ぎなかった

しかし実は、日中国交正常化の時点で、すでに中国の作戦は始まっていたといえる。

まず、一九七一年、当時はピンポン外交と言われたのだが、中国は、日本の世界卓球選手権に中国の選手を派遣し、大会終了後に、中国がアメリカを含む外国の卓球選手を自国に招待することで、日本、アメリカとの関係改善を図った。そして日中国交回復の折には、カンカン、ランランという二頭のパンダ（本当はパンダはチベットの動物というべきなのだが）が、まるで日中の平和と友好のシンボルであるかのように中国から贈られ、上野動物園では多くの日本人見物客が熱狂した。

一九七二年七月に誕生した田中角栄内閣は、当初から日中国交正常化には積極的だった。そして、同月末に訪中した公明党の竹入委員長が周恩来首相と会談、国交回復時の中国側の要件が「竹入メモ」として田中内閣に渡された。そして、田中角栄首相はこの段階で、国交正常化を決意するが、このメモには、日米安保条約を中国側は容認する、同時に「覇権主義に反対する」という言葉で、中国の対ソ連政策との協調が示され、「共同声明で戦争状態を終結する」「戦時賠償を放棄する」「平和五原則に同意する」などが記されていた。

国交正常化とは、基本的に、国と国との関係が、平和的な交渉により「正常化」されたということである。本来ならば、その時点で、過去のさまざまな歴史的問題は清算され、新たな外交関係が確立したという前提で両国が振る舞うことが筋なのだ。しかし、この年九月二五日、北京に赴いた田中角栄首相、大平正芳外務大臣、二階堂進官房長官らは、北京についてから、事実上、過去の歴史に対する「謝罪」を求められることになった。

この件については、現在まで外交評論家や当時の関係者たちが、さまざまな議論や資料で指摘しているが、田中首相はこのとき、本当にぎりぎりまで、果たして自分が謝罪の言葉を述べるべきかどうか悩んだという。しかし最後の段階で、大平外相らの、ここまで来て声明も出せずに帰国したら、かえって内閣の責任問題となるという提言もあって、最終的には戦争責任について「深く反省の意を表する」という表現を入れることになった。外国との国交回復に際し、日本政府は戦後初めて過去の歴史に対する反省の意を表明したのである。また、尖閣諸島の問題は、周恩来の「今、話し合っても相互に利益にはならない」との提案を飲み、事実上棚上げの状態とされた。

確かに、この後、まだ中国の国力が弱かった時代は、戦争責任の問題を持ち出すことはなかったし、靖國神社に首相が参拝しようと、毛沢東も周恩来も何も言わなかった。尖閣も同様で、中国が十分な海軍力を持つまでは尖閣への領海侵犯も行っていない。そのため、国交回復時に中国に妥協した日本は、その後、警戒心を解いてしまった。しかし現在の中国の態度を見れば、彼らは、この時点で打つべき布石はきちんと打っておいたといえよう。

当時私の意見は、早急な日中国交回復には反対の立場で、田中首相の外交にも疑問を持っていたし、佐藤栄作氏や福田赳夫氏といった日中国交正常化慎重論者に共感していた。ただし、田中首相の行動によって、中国残留孤児たちが日本に戻る機会を得られたことは、正当に評価されるべきだと考えている。しかし、その後の日中外交は、知らぬうちに日本は中国のペースにさらに嵌《は》まっていったように見えてならない。

その後、ロッキード事件などで田中内閣が倒れ、三木武夫内閣、続いて福田赳夫内閣が誕生する。そして中国は、福田首相の時期に日中友好条約を結んだ。そこには「両締約国は、主権及び領土保全の相互尊重、相互不可侵、内政に対する相互不干渉、平等及び互恵並びに平和共存の諸原則の基礎の上に、両国間の恒久的な平和友好関係を発展させるものとする」(第一条一項) という項目がある。「恒久的な平和関係」とはつまり、日本は中国に対し非友好的な関係を持ってはならない、ということである。そして内政不干渉の原則によって、中国の人権問題や民族問題に触れることも暗に否定された。

しかしこの時期、日本側は、中国に対し、政府であれ民間であれ、先述したように大変同情的で、中国との友好を深め、相手の問題点にはできるだけ触れないようにして、近代化や経済発展に協力し、中国が豊かになれば、共産主義からも脱却し平和的な国になるだろうという幻想にとりつかれていた。この視点に立って、マスコミも中国に好意的な報道を続け、例えばNHKでも『シルクロード』という番組が、中国がまさにそのシルクロードであるウイグルや南モンゴルで何を行ったかという問題は全く無視した上で、単なる歴史のロマンとして作られていった。

また、画家の平山郁夫氏も、シルクロードをテーマにした絵画を発表し、また中国に渡って、文化大革命のときに破壊された寺院や仏跡をめぐり、一生懸命、修復のために寄付をして回った。それぞれが善意で行われたことは事実だろう。しかし、その当時、私がチベットの問題などを訴えても、ほとんど相手にされることもなかったのも事実である。

ダライ・ラマ法王、来日す

ここで、やはり記しておかなければならないことがある。ダライ・ラマ法王が、日本に来日されたときのことだ。

最初に法王が来日されたのは一九六七年で、私はまだ中学生だったから、そのときは特に関わったわけではない。ただ、読売新聞の正力松太郎氏が中心となって、よみうりランドに仏舎利塔が建てられ、法王が開眼に見えられたことは、はっきりと覚えている。法王をわが目で拝見するのはこれが初めてのことだった。確かこのときに、銀座の三越でチベット展が開催され、左翼系の人たちが抗議に来たことも覚えている。まさに文化大革命の時代、日本の左翼運動にも中国共産党の影響が出ていたのだろう。

一九七八年、世界仏教徒会議が日本で開催された。主催の世界仏教徒連盟は、タイに本部があり、はっきり言えば、反共系の仏教徒によって作られていた。ベトナム戦争後、共産主義勢力が革命で政権をとった国々では例外なく宗教弾圧が起きている。そのことを国際的に知ってもらおうというのが、この組織の主眼で、そこにはチベット人も加入していた。

この大会を日本側で主催していたのが、世界仏教界の支部としての全日本仏教会という組織だった。そして、ダライ・ラマ法王をこの大会に招請することになり、もちろん私も当時責任者として頑張った。ところが、最初の段階では問題なくビザが出るはずだったのに、いきなり直前になって、インドから、日本外務省がビザを拒否してきたという連絡があった。

その理由は、当時の園田外務大臣夫人が急に訪中することになり、ダライ・ラマ法王が同時期に来日してはまずいということだった。

私は驚いて、全日本仏教会の担当者に連絡を取ろうとしたのだが、なかなか捕まらない。やっと連絡がついたら、自分たちはもう降りると言い出した。私はこのときは正直怒って、「僧侶ともあろうものが、一度した約束を守らず、この会議のために招待した法王を守ろうとしないのは理解できない。あなたたちは、ただ頭を丸めただけの俗人じゃないか。そんな人が僧侶なら私だってなってみせる」と、今思えば若かったが、自分の頭を丸坊主にして抗議した。

そして、その時点でヒマラヤから何人かのお坊さんが会議のために来ていたが、もしもこのまま法王が来日できないのならば、断固この会議をボイコットしようと話し合った。さらに、これは生まれて初めてのことだったが、知っている日本の人たち、特に反共産主義の意識の高い人たちに、外務省に抗議してほしいと呼びかけた。そのときに「外務省けしからん」とは言わず、「我々は、ダライ・ラマ法王にビザが出ないと聞いたが、そんなことをしたら日本の恥になる。ぜひビザを出してほしい」と言ってほしいと頼んだ。

そして、当時チベットを支援してくださったさまざまな先生方と相談し、最終的には、政治家が動いてくれるしかないということで、岸信介元首相、福田赳夫首相（当時）にまでお願いして動いていただいた。私としては、今回ビザがここ日本で下りなければ、今後このような事態が国際的な前例となってしまうかもしれないと思い、もうご迷惑も顧みず必死だったのだ。インドのチベット亡命政府の側も、なんとしてでも、たとえ二四時間であっても日本に滞在できるようにしてほしいと訴えていた。

そのおかげで、やっと七二時間限定という条件で、きちんとした保証人さえいればダライ・ラマ法王にビザが下りることになった。東京仏教会と、世界連邦日本仏教徒協議会事務局長・郡司博道氏がこのとき頑張ってくださって保証人も引き受けていただき、役所に提出する書類も作った。書類の作成は、当時は今のようにパソコンがあったわけではないから、タイプで文字を打つなど大変だったが、やっと五時直前に完成した。役所は午後五時までに入らなければならなくて、シャッターが下りそうなところを無理やり体で押さえるようにして入った。同行したお坊さんは、ドアにぶつかったときに額を切ったのか、血を流しながら、本当にぎりぎり

1978年京都にて、ダライ・ラマ14世と著者

のところで書類は間に合った。

　こうして法王は来日された。しかし、時間に限界があるから全体会議には出られないため、会場である増上寺で、大乗仏教、北方仏教を代表して法王、南方仏教を代表してスリランカかビルマの偉いお坊さんが祈りを捧げ、自民党を代表して、現在の安倍首相のお父さんである安倍晋太郎政調会長（当時）が挨拶をされた。しかし、そのときになって、私たちが必死に動いているときは全く姿も見せず協力もしなかった僧侶や関係者が、さかんに法王と一緒に写真をとろうとしたのは、正直不愉快な思いがした。

　現在はダライ・ラマ法王が来日するときにはビザが下りないなどということはないが、七〇年代、八〇年代はそうではなかった。チベットが一番厳しいこの時期に支援してくださった政治家の方々には、私は本当に今でも深く感謝している。

中国に無批判な日本の宗教団体

しかし、日本の宗教家たちは、現実に宗教弾圧に遭ったチベットに対しては冷淡な態度を取るのに、弾圧する中国に対しては、全く無批判であるように思えてならなかった。

中国仏教協会の会長を務めた趙樸初という人物がいる。彼は、一九五〇年から、中国人民救済総会上海市分会副主席兼秘書長、上海市人民政府政法委員会副主任などの政治的地位を歴任したのちに、五三年から中国仏教協会の副会長となり、一九八〇年からは会長となった。他にもさまざまな要職につき、二〇〇〇年に亡くなっている。

はっきり言えば、この趙氏は、チベットをはじめとする中国国内の宗教弾圧に対して、一度も抗議や抵抗の声を上げたことはなく、またその地位を脅かされたこともない。ということは、中国政府の一員として忠誠を尽くしてきた人物ということになる。しかし、中国政府は、彼を中立的な仏教徒として巧みに利用し、さまざまな宗教家の交流会議などに参加させ、宗教サミット、世界宗教会議などが日本で開催されるとしばしば登壇し、八五年には、立正佼成会の庭野日敬会長から平和賞を受賞した。

誤解のないよう言っておくが、立正佼成会は優れた宗教団体として、各宗教間の実りある対話や、平和、福祉、人権などを実現するための政策提言や立派な活動をしてきたことは確かだ。庭野会長も、人格的に立派な方だったし、平和を望む心も純粋で、日中が友好関係を結ぶための努力も真摯な精神で取り組まれてきた。しかし、宗教も平和主義も本質的に認めていない共産主義国家である中国が、趙氏を政治的な道具、うわべの日中間の対話のための隠れ蓑に使っていたことを、善意の日本人たちは理解できなかったのだ。

趙氏は宗教家ではなく一宗教学者に過ぎず、中国政府にとっては使いやすい外交官のような存在だった。彼は創価学会とも交流し、伝統仏教寺院であるはずの比叡山を中心とした宗教サミットが一九八七年に開催されたときにも参加している。そこには、海外から仏教、キリスト教、イスラム教、ユダヤ教、ヒンズー教、シーク教、儒教、日本国内からも全日本仏教会、日本キリスト教連合会、神社本庁、新日本宗教団体連合会のそうそうたるメンバーが参加していた。しかし、私としては、今現実に起きているチベット他中国国内の宗教弾圧に加担しているに等しい人物が、このような場で宗教家たちと肩を並べて参加していることに、どうにも奇異な印象を持たざるを得なかった。

この時期は日本の宗教団体も、ベトナムやカンボジアなどの難民支援など、国際的にもさまざまな支援活動や人道的な活動を始めており、そのこと自体は素晴らしいことだった。しかし同時に私は、日本人は純粋な善意はあるが、中国の実態をよく知らないのではないか、とどうしても思わざるを得なかったのである。

中国の留学生派遣計画

そして中国は、鄧小平時代の七〇年代から八〇年代にかけて、「工業、農業、国防、科学技術」の「四つの近代化」を急ピッチで進めた。いわゆる鄧小平路線の改革開放政策は、中国社会に一定の成果を上げたことは確かだろう。そしてこの時代、初めて、中国は留学生を海外に派遣する。これに対しては、中国共産党内部にも、もし外の自由な世界を知ってしまったらそのまま亡命するのではないかと危惧する反対意見もあった。しかし鄧小平は「我々は人口が多過ぎて困っているんだから、一〇〇〇人留学生を出して、そのうち一人が中国に戻ってくれば良いのだ」と言って、留学生や、優秀な官僚を国外に派遣し、世界の現場を学ばせていった。

同時期の一九八三年、中曽根内閣の時代に「留学生一〇万人計画」が始められた。「教育」「友好」「国際協力」のための留学生の受け入れを目的とし、二〇〇〇年までに一〇万人の受け入れを目指したものである。これはまさに鄧小平の路線に沿うものだった。そして、前章で触れたように、当時の日本を席巻していた「国際化」の波からしても好ましいものと受け取られたのである。さらに、日本政府は各大学にも、留学生を受け入れれば補助金を出すことを通告した。初期の留学生枠は官僚や優秀な人材に集中していたのだが、中国側でもある種のブローカーが現れて、多額の借金をすれば一般人でも日本に留学できる道が生まれることになった。

確かに、中国の若い学生に、勉強をする機会が与えられたこと自体は悪いことではない。しかし、現実には、借金に支配されて、日本に来てもろくに授業には出ないで働くばかりでは留学本来の意味がない。そのうちに、日本で働くことが目的の、事実上偽の留学生も増えてくる。それ以外にも、不法滞在・就労など、さまざまな社会問題が起きていることはここで私が言うまでもないだろう。

そしてこの時期の、日本の「国際化」の恩恵を、実は私も受けることになった。テレビ局などが、外国人のコメンテーターを起用するようになってきたのがこの頃で、私自身、チベット人として、テレビなどで発言できるようになった。私に求められていたのは、チベット人の立場から見た日本についての意見だったろうが、できるだけ、チベット問題についても話そうと試みた。ただ最初のうちは、チベットの置かれている現実について、なかなか理解してはもらえなかった。これはやはり、当時はまだ中国を支持する言説が多かったことが原因だろう。そして、日本の中国に対する認識が大きく変わったのは、一九八九年の天安門事件だった。

天安門事件

留学にはさまざまな問題はあったものの、中国から留学生が外に出ることによって、自由な社会に触れ、民主主義のシステムを学ぶことで、自分たちが努力すれば中国を変えることができるのではないかという意識や自信を持つ若い世代が現れてきた。

その運動を最初に始めたのは、河北省出身で、留学生第一号としてカナダで博士号をとった王炳章《おうへいしょう》氏だった。彼は海外で民主化運動組織「中国の春」を創設する。また国内では魏京生が、鄧小平による四つの近代化は不十分であり、五つ目の、政治の近代化、民主化こそが必要だとする壁新聞を貼った。「北京の春」と言われた民主化運動の始まりである。

当初は、中国政府首脳の中にも、文化大革命時代に弾圧され、時には投獄された体験のある人もいたので、彼ら民主化運動家たちの要求である政治の近代化、民主的手続きや法治の原則などに共感する人たちもいた。しかし、次第にこの運動が国内で拡大し、大学生や市民の間で、中国共産党に対する批判が高まり始めると、この運動は共産党一党独裁体制を脅かすものとみなされていく。

さらに八〇年代末、ソ連のゴルバチョフ体制が、ペレストロイカという形で、ソ連共産党の内部改革や情報公開を行ったが、それが必然的に共産党一党独裁が維持できなくなること、さらにはバルト三国をはじめ、各地域の民族独立運動に力を与える結果となることを、中国政府は恐怖を持って受け止めた。

そして、これは東欧諸国において顕著だったのだが、ポーランドの共産党支配に抵抗する労働組合「連帯」の民主化運動が、カトリック信仰に深く根差していたように、民主化運動にはヨーロッパのキリスト教伝統信仰と、共産党支配下でも残されていた市民社会の構造が強い基盤となっていた。この運動が、レーガン、サッチャー、そしてローマ法王らの支持を得て急速に拡大し、共産党支配を追い詰めていく。それが中国政府に、市民社会や民主主義への弾圧のみならず、キリスト教をはじめとする宗教をさらに弾圧し、西側社会からの影響力を排除しなければこの体制は維持できないという確信を持たせてしまった。

そして、彼らは経済面での改革は認めても、政治面では一党独裁を死守することを決意する。そして最終的には、民主化運動に同情する政府関係者は中央から追放され、力による弾圧が最終方針として決定された。そして、この弾圧が頂点に達したのが、一九八九年六月四日の天安門事件だった。

「人民解放軍」の戦車と銃剣が、本来守るべき人民である天安門広場の学生や労働者に襲い掛かり、銃弾が飛び交う中、抵抗する学生が「ファシスト!」と叫び、無名の市民がただ一人、戦車に立ち向かって止めようとした光景は、中国という国の恐ろしさと、この国が一皮むけば、平気で自国民を殺すことができる共産党一党独裁の体制であることを白日のもとにさらした。

同じ八〇年代末は、チベットでも僧侶と民衆が連帯して、犠牲を出しながらも、チベットに自由と民族自決、そしてダライ・ラマ法王の帰還を求める抗議に立ちあがっていた。この決起も天安門ほどではないにせよ、日本である程度報じられ、左翼的な学者だった色川大吉氏、小説家で、政治とは距離をとっていた畑正憲氏なども、このときは中国のチベット政策を批判する声を上げてくれた。

ソ連・東欧の解体で共産党支配は崩壊したが、天安門事件では民主化運動の悲劇的な弾圧という、全く逆の結果となった。それはいろいろな意味で、世界と日本を目覚めさせ、経済支援で豊かになったとしても、それだけで中国の政治体制が民主化に向かうことはないという認識が広がったはずだ。このとき私自身も、天安門事件の直後、オーストラリアに招かれ、国会でチベット問題について証言する機会を与えられた。日本でも、中国のチベット弾圧について、私たちが訴えてきたことが事実だということが理解してもらえるようになった。

しかし、この天安門事件当時、私にとって大変残念なのは、当時の西側諸国の多くが中国に対し一定の経済制裁で抗議の意志を示したのに、日本がむしろその流れに逆行してしまったことだった。

確かに当初、日本政府も、予定していた円借款の供与を凍結したが、そのときも当時の宇野首相は中国を孤立化させてはならないという趣旨の発言をしていた。西側の制裁網の中でも日本が弱体だと見抜いた中国は、おそらく親中派の自民党政治家、竹下登氏らを通じての工作だと思うが、翌一九九〇年一一月には凍結が解除された。九一年八月には、当時の海部首相が訪中した。これは天安門事件後、西側首脳では初の訪中だった。事件以前は、中国の正体を知らなかったという言い訳も立つ。しかし、この時点での経済支援や首相の訪中は、天安門事件後も、中国に対しての外交政策が基本的には変わらないことを意味した。これに中国政府が自信を持ったのは確実である。次に中国が求めてきたのは、天皇陛下の訪中だった。天安門に戒厳令を敷いて弾圧の先頭に立った李鵬首相は、海部首相に、一九九二年の国交正常化二〇周年を記念して、天皇陛下を北京に招請したいという意志を伝えた。

一九九二年四月、当時の中国国家主席、江沢民が訪日した。後に彼が徹底的な反日教育を行い、天皇陛下に対しても人民服で晩餐会に訪れるなど非礼な態度を取ることは今では周知の事実だが、このときは「本年の天皇訪中を中国国民は心から歓迎したい」と正式に天皇陛下を招請した。日本はこのときは宮澤喜一内閣だったが、自民党内でも、また世論も反対論が根強かったはずなのに、金丸信《しん》自民党副総裁、そして橋本恕《ひろし》中国大使からの強い要請で、一〇月に訪中が実現した。しかもそこで、天皇陛下は「我が国が中国国民に対し、多大な苦難を与えた不幸な一時期がありました。これは私の深く悲しみとするところであります」という、私から見れば、お詫びともとれるお言葉を語られた。

このことは次章で触れるが、日本国の最高権威である天皇陛下が謝罪されたことの意味は、日中間にとってとてつもなく重い意味を持つ。また、これで中国は事実上、国際社会の制裁をはねのけるだけの外的勝利を得たようなものだった。もちろん、アメリカをはじめ、諸国もやがて中国への制裁を解除した。しかし、天安門事件以後、最も早い段階で日本が制裁解除と中国との友好関係（しかも一方的な日本の譲歩による、友好というより厳しく言えば媚中外交）を結ぼうとしたことは、今も私にとって残念な思い出である。

こののち中国は、ある意味、自国の方針に自信を持ってしまう。つまり、国内では共産党独裁体制を続けつつ、中国の巨大な市場を餌に、諸外国と交流して経済発展を遂げることは可能であり、経済力が付けば同時に軍事的にも世界に覇を唱えて、他国からの批判を封じ込め、逆に周辺諸国に圧力をかけて中国側に引き入れることも可能だという確信を得たのだ。これ以後、中国国内における民主化の動きは全て弾圧される。

侵略によって領土を拡張する中国

そして中国は、かつてその領土が最も広大だった清帝国時代の領土を復活させることを目標に、軍備を拡張していった。しかも現在では、冒頭に述べた一帯一路政策に象徴されるように、清の領土を越えて、かつての元帝国（清帝国は満洲人王朝、元帝国はモンゴル人王朝なのだが、今や中国の歴史観では、これは全て「中華民族」の帝国）のアジアからヨーロッパにまたがる広大な領土と、歴史上朝貢関係にあった国（これは沖縄も含む）を、中国の領土であるとみなしつつある。

本来の漢民族の領土は、せいぜい明の時代のものに過ぎず、現在のわがチベット、ウイグル、南モンゴル、満洲などは、後に侵略によって強奪したものなのだが、そんなことはもちろん現在の中国政府は意に介さない。

中国の軍事大国化をもたらした経済力の発展、工業力の発展は、中国の石油消費の推移を見ると最も分かりやすい。日中国交回復直前には、中国にはたくさんの油田開発の候補地があり、日本がその開発に技術協力すれば、日本にとってもエネルギー問題は解決する、中東戦争時に、アラブが石油戦略で、イスラエルやアメリカを支持する国に対し、禁輸政策や原油値上げを行っても、中国の石油を輸入すればいいという言説がまかりとおっていて、田中角栄首相すら同じことを強調していた。

しかし中国では改革開放政策により、公害をまき散らして大気を汚染し、各地を砂漠化してしまうほど自国内に工場を建設、石油を浪費して、あっという間に石油の輸入国になってしまっている。改革開放のシンボルと言えた鄧小平時代に、すでに軍の近代化と海軍増設、海洋国家を目指すことが決定されており、その後はガス田を含む海洋資源の奪取のためにも、内陸だけではなく海洋に出ていくことが至上命題となった。さらに、かつては中国側が話題にすることもなかった尖閣諸島を、今や強引なやり方で奪おうとし、南シナ海では南沙諸島に手を伸ばしている。

このように、中国という国は、その時々の自分の都合、相手との力関係で、簡単に前に決めた条約などは破るか、まるでそんな事はなかったように振る舞うのだ。それなのに日本は、「日中友好」という幻想にあまりにもとらわれ、常に裏切られ続けてきたように思える。

「覇権国家」中国

私は、元駐インド大使で、日中友好条約締結時に外交官として関わった平林博氏のお話を聞いたことがある。平林氏は、日中友好条約締結時、「いかなる覇権にも反対する」という項目を入れるべきだと中国が強調してきたと述べた。このときの「覇権」とは、要するにソ連による覇権主義を意味していたから、日本も最終的にその危険性は理解してその文言を入れることに応じた。

その上で平林氏は、現在の状況下、覇権主義をむき出しにしているのはその中国政府であって、しかも、その矛盾に対し何ら恥じるところも、言い訳をすることすらない。つまり、中国にとっては、国際条約というのはあくまでその時点の自国の国益に応じて決められるものであって、先々まで両国間の約束となるものでもなければ、それに対し責任を持つこともないのだ。そして「日本国のように、たとえ自国の不利益となっても、条約を約束ごととして守ろうとし、かつ、相手国も同じような姿勢でいてくれることを信じる国は、結局馬鹿を見ることになる」と断言していた。これもまた、少なくとも中国と付き合うときには、「国際常識」として覚えておかなければならないことだ。

これは、中国の外交史を、中華人民共和国建国時から見ても分かる。当初は、ソ連が最大の友好国だった。毛沢東は生涯、外国にはただ一国、ソ連にしか訪問していない。しかしこの一九四九年の訪問時、毛沢東は極めて冷遇された。モスクワでは待たされ、しかも迎えに来たのは単なる共産党の政治局員。このとき、毛沢東は深い屈辱を味わった。その後、一九五六年からフルシチョフ首相が、スターリン批判と西側との平和共存政策を採ると、直ちにその路線をめぐって論争が起き、文革時代には絶縁、さらに六九年には中ソ国境の南モンゴルにて武力紛争にまで至った。

また、インドと中国との関係でも、一九五四年には、ネルー、周恩来両首相が「平和五原則」

（一）領土保全と主権の相互尊重、（二）相互不侵略、（三）相互内政不干渉、（四）平等と互恵、（五）平和的共存を結び、両国が手を携えて新しいアジアの復興を成し遂げようとまで宣言したのだが、そのインドとも、国境の領土をめぐり、一九五九年に武力衝突、一九六二年には大規模な戦争状態となった。一九六〇年代のベトナム戦争時は、中国は北ベトナムを支持していたが、ベトナム統一後は、カンボジアに侵攻したベトナムに対し「懲罰戦争」という名目で中越戦争を一九七八年に起こしている。

つまり中国にとっては、外交上の友好関係というのは、あくまで一時的なもの、さらに言えば時間稼ぎに近いものである。仮に相手の国が同じ共産党が支配する国であれ、自国が勝てそうな状況が整うか、また国益上必要であれば侵攻し、まだその条件が整わぬ場合は「友好」の名のもとに機会をうかがう。「友好」というのは中国にとって都合のよい手段なのだ。現在の中国は、おそらく、トランプ大統領のアメリカが、日本を守るためにどこまで本気で行動するか、またトランプを中国の味方にできるか否かを読み切れていない状態なのではないかと思われる。万が一将来、日米安保条約が「アメリカファースト」の国益に合わない状況が訪れ、アメリカは動かないという判断が読み切れたときには、中国は、少なくとも尖閣諸島から沖縄までには軍事的に進出してくることは、これまでの中国の行動パターンを見れば明らかなはずだ。

例えば、二〇〇九年三月、アメリカのオバマ政権は「尖閣諸島は沖縄返還以来、日本政府の施政下にある。日米安保条約は日本の施政下にある領域に適用される」としながらも、同時に、アメリカは尖閣諸島の領有権についての日中両国の対立については関与しない、当事国の平和的な解決を期待するという趣旨の、極めてあいまいな発言をした。

この言葉は、オバマ政権の意図はどうあれ、結果的には中国側を勇気付け、同年九月には、中国漁船が日本の領海を侵犯、尖閣諸島沖で漁業活動を行った。そのとき、日本の海上保安庁の巡視船が停戦を通告したのにそのまま逃走しようとし、しかも海上保安庁の船に衝突を繰り返すという暴挙に至った。この船長が逮捕されたのち、うやむやにしようとした日本政府に対し（当時は鳩山由紀夫内閣）、海上保安庁の一色正春氏が、その有様を映したビデオ映像をインターネットに公開し、世論が沸騰したことは読者も覚えておられることと思う。しかし、その後、いまだに中国漁船・艦船は領海侵犯を繰り返し、日本の領土であるにもかかわらず日本人は尖閣に上陸も周辺の海で漁業もできない状況が続いている。

もちろん、国際法や歴史的資料を示せば、尖閣諸島が日本の領土であることは明らかだ。しかし、中国政府にはそれとは全く違う国境に対する概念がある。中国政府にとって、国境とは法律や過去の歴史で定まるのではなく、中国の軍事力、経済力で支配できる範囲であれば、それがそのまま中国の国境であり、それは力の増進によって、無限に拡大しうるものなのだ。

この姿勢は、政治権力内部で多少の力関係の変化があり、誰が政権中枢を抑えようとも、根本的に変わることはない。時々中国政府を分析する論者の中で、誰が改革派、対外的には穏健派で、誰は保守派で強硬論者であるかを比較する人もいる。確かに短期的、表面的にはそれによって政策が多少変わることはあるが、中華思想の本質が変わるものではない。

本章の冒頭で述べた、一帯一路政策とは、こうして考えてくると、まさに中国政府、かつ、漢民族の根本に流れている中華思想そのものであることが分かっていただけたと思う。習近平が言う「中国の偉大な夢」とは、まさにこの思想の具現化である。かつて提唱したＡＩＩＢも、全くこれと同様の発想から生み出されたものだ。実は最初中国は、日本が中心的役割を果たしているアジア開発銀行の総裁の地位を狙っていた。ＩＭＦはすでにヨーロッパ、世界銀行はアメリカが握っている以上、残された中国の野望は、アジア開発銀行を握ってアジア経済を手中に収めることだった。しかし、それがうまくいかなくなったときに、彼らが提起してきたのがＡＩＩＢによってアジアの経済を支配することであり、さらに、経済的な野望と政治的な勢力拡大、領土拡大の夢が合体したのが、この一帯一路政策なのだ。

「鉄の女」ガンディー首相から学ぶ国防

同時に中国は、軍事や経済面だけではなく、国連のさまざまな組織に手を伸ばし、主要な国際機関の主導権を握ろうと試み、しかも成功しつつある。

世界銀行、アジア開発銀行、WHO（世界保健機構）などがそうである。そして重大なことは、二〇一六年、中国の孟宏偉がインターポール（国際刑事警察）長官に就任し、これによって、二〇一七年現在、アメリカで中国共産党の汚職を告発している証言者、郭文貴が国際手配された。これは、このインターポールの人事の影響と考えるしかない。他にも、ウイグルの国際人権活動家らが、自由な国のはずの欧州で、テロリストの嫌疑で講演や活動が妨害されるような事態も起きている。このように、中国は確実に、その手を要所要所に広げつつあるのだ。

だからこそ日本は、中国のこの戦略や行動を牽制するためにも、現段階においては、日米安保条約の強化によって、アメリカが日本の同盟国として中国と対峙するような環境を作らなくてはならない。そして、日米安保条約は法的には片務条約で、アメリカが日本を守ることは定めても日本がアメリカと共に安全保障上の責任を果たすことは定められていなかった。その点をたださなければ、日本もアメリカに強い要求はできない。その意味で、安保法制が成立し、将来の集団自衛権確立のための道を開いたことは、とりあえず大きな前進だった。

しかし、アメリカがいつまでも日本にとって頼れる同盟国だという保証はどこにもない。いざとなれば、日本は単独でも自らの主権と安全を守る決意を持たなければならない。そして、これが肝心なことなのだが、日本であれ、またチベットであれ、中国の間近で生きていかなければならないというのは、これは地理的に永遠の宿命だ。日本と中国の間を簡単にカッターナイフか何かで切り離したり、パソコン上の画像のように削除できるのならばともかく、そんなことは現実には不可能なことだ。だからこそ私は、願望のように、中国は簡単に崩壊するなどとは言えないし、中国と絶縁して生きていけるとも思わない。むしろ、その中国と、いかに対峙していくべきかについて考えるべきである。そのために私は、一つはインドが取った行動を、もう一つは私が八〇年代、チベット人調査団の一行として中国を訪問したときの経験を述べたいと思う。

中国は一九六二年、それまでのインドとの友好関係を破って侵攻、インド軍は不意を打たれてアッサム州まで退却した。しかし、占領後しばらくして、中国軍はなぜか自ら退却する。

当時はその理由はよく分からなかったのだが、インド軍の反撃以前に、住民が、中国軍がどんなに彼らを懐柔しようとしても、君たちは中国の同胞だと宣伝しても、それを全く受け入れようとしなかったことが大きかった。また、当時の中国は、占領したばかりのチベットにおけるインフラ整備が十分ではないから、軍の輸送が速やかにできなかった。さらに、装備においても冬期を越した長期戦はできそうになく、撤退したというのが主たる要因だったようだ。

しかし逆に言えば、仮に現在の西蔵鉄道のようなインフラ設備が完備していたら、インド軍はこの地を奪還できず、さらに侵略されていたかもしれない。このことを学び、自国は自国で守り抜かなければならないことを自覚したのが、インディラ・ガンディー首相だった。

ネルー首相の娘だった彼女は、父が中国を信じ、裏切られて領土まで奪われそうになった教訓を忘れなかった。一九六六年首相の座に就いた時点で、当時のインドは極めて困難な情勢下に置かれていた。中国は当時パキスタンを支持し、パキスタンと、現在バングラデシュとなった東ベンガル地域（当時は東パキスタン）の双方でインドを挟み撃ちにし、さらにインド国内では共産主義勢力や、インドの少数民族を先導して武装闘争をけしかけた。さらに、インド国内の親米派、リベラル派は、インディラ・ガンディー首相が親ソ派的だとして反対し、彼らを支援していたアメリカもインドに敵対することになる。

しかし、インディラ・ガンディー首相はこのとき、屈しなかった。東パキスタンをバングラデシュとして、パキスタンの影響を切り離す独立国とすることでこの包囲網を解こうと、一九七一年東パキスタンの独立運動を支援、印パ戦争を戦った。彼女は決して共産主義に共感していたわけではないが、中国やアメリカに変わる力を求めて、あえてソ連と結んだ。そしてその力を借りて、バングラデシュを独立させるこの戦争に勝利し、一九七二年バングラデシュは独立する。インディラ・ガンディーは「鉄の女」と呼ばれたが、のちにイギリス首相として同様のニックネームで呼ばれたサッチャー首相よりも、はるかに厳しい状況下、独裁者と批判されつつも、インドを中国からもアメリカからも守り抜き、また、お互い利用することはあっても、決してソ連に従属することはなかった。

そして一九七四年、インディラ・ガンディー首相は、中国に対する防衛力を強めるために、国際社会の抗議や批判を恐れず、核実験を成功させた。このように、自国を守るために全力を尽くし、かつ、他国との同盟は活用しても、最後には自力で国を守る覚悟を持つ体制には、中国は実はそれほど強い態度はとらなかった。ガンディーは最後には暗殺されるが、彼女の政治家としての勇気と決断力はインドを救った。私にはどこか、彼女の姿が、同じく暗殺された韓国の朴正熙大統領と重なるところがある。国を愛し守るためには、政治的指導者は時には批判や誤解に耐えなければならないし、また、マキャベリズムも駆使し、必要な場合は戦争をも覚悟しなければならない。今、日本でインディラ・ガンディーのことはあまり語られることはないが、彼女の人生と政治的決断は、今の日本の政治家にとって学ぶところは決して少なくないはずだ。

「誠心誠意」で「屁理屈」をねじ伏せよ

もう一つ、これは半分冗談のような話なのだが、私自身の経験を記しておこう。

中ソの関係が完全に悪化すると、それまではチベットのことを、封建的な反動勢力、反革命勢力である、と中国政府と同じことを語っていたソ連のモスクワ放送が、一九八〇年に、チベット民族の自決権を守る戦い云々と放送し始めた。さらに、ダライ・ラマ法王を、ロシア正教の指導者たちがソ連に招請するようなそぶりすら見せるに至った。

中国は、チベット問題をソ連に利用されることを恐れたのか、また、この時期は文化大革命の傷跡から立ち直って経済発展するためには、チベットを含む国内の安定が欠かせないと判断したのか、おそらくその両方と思われるが、鄧小平自らダライ・ラマ法王の兄上を招待して直接会談を行った。その上で「独立」という言葉以外は、全ての問題を話し合う余地があるというメッセージを送ってきた。

そこから中国は、ダライ・ラマ法王との対話のルートを作り、少なくとも二〇一二年までは、天安門事件でチベット側から中断した一九八九年をのぞいて、一定の相互連絡の場が持たれていた。私は、一九八〇年に調査団としてチベットを訪問している。そのときに、ちょっと面白いエピソードがあるのだ。

中国側は最初から、この調査団には二人ほど「好ましからざる人物がいる」と、チベット側にほのめかしていたが、その一人は私だった。まあ、中国側にそこまで思われているというのは、ある意味私にとっては光栄なことだ。だが、私は今回の調査団は、中国側とチベット側の大切な交渉の場だから、その場を壊すようなことはしないよう、最初にお互いが決めたルールは守り抜くつもりでいた。だから、独立という言葉を使うつもりもなかったし、調査団である以上、チベットで政治的なメッセージと取られそうなことを言うことなど考えてもいなかった。

ただ、メンバーの中で一人、自分のトランクにチベットの国旗を堂々と貼りつけてやってきた人がいた。私は、気持ちはよく分かるが、今度の自分たちの役割は現地調査だから、そういう挑発的な行動は、ダライ・ラマ法王やチベット亡命政府の立場を考えて控えたほうがいいのではないかと言ったが、彼は「これは私の主張だ、妥協することはできない」という態度だった。

そして一団が中国国内に入り、チベットの国境付近までくる間は、随行していた中国人たちも何一つ言わなかった。しかし、そろそろチベットに入るというところで宿舎に入り、夜になると、彼らの責任者が私を自分の部屋に呼んで、「ちょっと確認したいことがある」と硬い表情で言い始めた。

「ダライ・ラマ法王の真意はどちらなのですか、我々には独立は求めないと言っているのに、あなたたちの言動はダライ・ラマと違うことをやっていますね」

私が、その違うこととは何ですか、と尋ねると、彼が言うのはまず、北京での歓迎会で、あなたたちチベット人は全員で、独立の歌を歌ったではないですか、ということだった。私はそこは誤解だと言った上で、こう説明した。

「北京の歓迎会のときは、中国人の皆さんもたくさんの歌を歌って、私たちにも歌うように強

チベット国旗『雪山獅子旗』

く勧められました。でも、私たちチベット人調査団は、各国のチベット人組織、日本、ドイツ、イギリス、スイスなど、それぞれ別の国から編成されていたものだから、みんなで一緒に歌える歌が『チベット人　立ちあがれ（チベット国歌として集会で歌われる）』しかなかっただけです。ですから、これについてはご容赦ください」

　すると中国人は、今度は「あなたたちの一人は『獅子の旗』をトランクにつけています」と言い始めた。それで私は「ああ、獅子の旗とは『国旗』のことですか？」と聞き返したが、その中国人は絶対に「国旗」という言葉は使えない。それを言うと、チベットが独立国だったことを認めることになるからだ。そして私が「別に国旗じゃなくて、獅子の旗なら、それはただの絵ですから、問題ないんじゃないですか」と付け加えると、ちょっと申し訳ないくらいに、相手の唇がわなわなと震えていた。

しかし、今回確かに、私たちは調査団であり、チベットが数十年を経てどうなっているかを、客観的に調査するという約束で、中国政府と、チベット亡命政府、そしてダライ・ラマ法王の承認の上に派遣されたのだから、これ以上トラブルを起こすべきではないし、この随行員を追い詰めないほうがいい。私は最後に「まあ、でもあれはただの紙ですから、チベットに入る頃にははがれてしまいますよ」と言って、ウィンクして彼と別れ、旗を貼ったトランクを持つ同僚とよく相談し、その旗を最後にははがすことに納得してもらった。

このことを私はある講演会で話したとき、「中国人との話は、こういう屁理屈で言うと結構通じるんですよ」と語って聴衆を笑わせたことがある。人間は、本当に自分の主張に自信があるときは、「誠心誠意」話し合うことができるはずだ。それがないとき、実際に自分に非があることが分かっているときほど、この中国官僚のように、些細な相手の矛盾や隙にこだわって議論を仕掛けてくる。そして、そのような人間は逆に、相手側も同じような「屁理屈」で応じてきたとき、意外と自分の矮小な姿を突きつけられたように感じてひるむものなのである。

第六章　歴史問題と日本の自己責任

国家意識の萌芽

前章で述べたように、一九八九年の天安門事件は、中国の正体を日本、そして世界に知らしめた。そして、同時期のソ連・東欧の崩壊は、共産主義国家がいかに抑圧的なシステムであり、民衆がその民主化を求めていたかを明らかにした事件だった。

私を日本で支援してくださった先生たちは、倉前盛通《もりみち》先生、加瀬英明《ひであき》先生など、七〇、八〇年代の左翼が強かった論壇では、右翼や保守派として批判されてきた人たちが多かった。しかし、アメリカや、反共体制だった朴正熙時代の韓国に対してはその問題点を批判し、ソ連、中国、北朝鮮や東欧諸国に同情的だったいわゆる左派、進歩派と言われた知識人やマスコミと、保守派、右派と言われた人たちの言論のどちらが客観的に正しかったかは、この時点で、本当はもっと論じられるべきだった。

しかし、これまでソ連や中国を弁護していたような人たちの中には、まるでそんなことはなかったかのように、東西冷戦が終わったのだから、これからは憲法九条の平和主義の理想が生きてくるだろう、などと平然と語るような人たちすらいた。

しかし、ソ連崩壊以後、中東ではイラクがクウェートに侵攻して湾岸戦争が始まった。東西冷戦の終わりは決して平和の到来ではなく、むしろ大国の縛りがなくなったことで、各地域で紛争や内戦が勃発する「熱戦」の時代が到来したのだ。このとき、憲法九条の平和主義は、世界の現実に対しては効力を発しないことも明らかになった。

私はこの時期から、日本国民の中にも、知識人や国民を含め、これまでの学界や論壇で支配的だった、左翼的歴史観や平和主義に対しての疑問がわき始めたのだと思う。だが、やはりそれまでの時代の「国際化」の掛け声の中、日本が国家とか民族という意識を持つことが否定されてきた時代の圧力はまだまだ強く、日本国の外交も、国民の世論もまだ完全に覚醒してはいない。

現在、特に若い世代において、北朝鮮による拉致事件や、中国の尖閣諸島への領海侵犯などの現実から、次第に国家意識に目覚める人たちが増えてきていることは確実だ。歴史問題に対する意識においても、まず、日本国民としての立場から歴史を振り返ろうという、それこそ国際常識が根付きつつあることは歓迎すべきことだ。その上で本章では、日本の歴史問題、特に、中国、韓国からの日本の戦争責任を問う声に対し、日本国民がどう向き合うべきかを論じていきたい。私は日本史についての専門家ではないが、できるだけ客観的に考えていきたい。

歴史戦の元凶は日本のジャーナリズム

まず、中国が日本を批判するときに決まって例にする、南京「大虐殺」事件。

今、南京には、南京大虐殺記念館という建物があるが、これは一九八二年に鄧小平指揮下ではじまった、中国の「愛国主義教育」（つまり反日教育）の一環として計画され、一九八五年八月一五日「抗日戦争終結四〇周年」に完成している。ここには、中国人三〇万人が虐殺されたと明記されている。

南京戦で、日本軍による民間人の虐殺があったか、あるいはなかったについては、専門の歴史家の間でさまざまな議論がなされてきているので、私はここで詳しく触れることは避ける。しかし、断言できることは、この三〇万人という数字にも、また日本軍が組織的に民間人を虐殺したという説にも、きちんとした証拠や裏付けが全くない。

これと同じことは、韓国が持ち出してくる慰安婦問題に対しても言えることで、日本軍が女性を強制的に慰安婦として連行したという証拠は、現在のところ全く見つかっていない。また、朝鮮人慰安婦二〇万人という説も根拠はどこにもない。私は韓国人に直接、強制連行の証拠がどこにあるのかを聞いたことがあるが、それは極めて不確かな供述か、もしくは「日本政府が河野談話などで認めている」「日本のジャーナリズムでも事実として報じられている」という答えが返ってきただけだった。

私はここに、この歴史問題の本質があると考える。南京事件は、確かに東京裁判で提起されたものだが、それ以前もその後も、蒋介石も毛沢東も、一九七〇年代まではほとんど言及することもなかった。慰安婦問題に関しては、八〇年代までは韓国も全く沈黙していた。これらの問題は、七〇年代以後、日本のジャーナリズムによって提起されたものであり、それが政治的に利用できると考えた中韓政府によって、今、日本批判の材料として使われているのだ。

ここであえて強調しておきたいが、これらの歴史問題は、それこそ歴史の複雑さを無視し、大東亜戦争を一方的な日本の侵略戦争として指弾する人々が、極めて薄っぺらい正義感で、事実の確認や背後関係を冷静に調査することなく、扇情的に情報を拡散したことから生まれてきたものである。

中国がプロパガンダとして利用した本多勝一『中国の旅』

先に述べた南京大虐殺記念館には、元朝日新聞記者・本多勝一氏の著書『南京への道』『裁かれた南京大虐殺』『中国の日本軍』などがきちんと展示されていた。南京や、中国全土における日本軍の「虐殺」を報じたのは、一九七一年八月から一二月まで朝日新聞に連載された『中国の旅』という記事だった（翌年、この記事は同タイトルの書籍として出版される）。

この時期、中国と日本の国交は成立していない。そして、中国は文化大革命がまだ終結していない時期であり、自由な取材など不可能だった。これは共産党独裁下の国家はいずれもそうなのだが、国民への取材も、基本的には政府が決めた対象者にしか許されない。そして、その発言が他国のマスコミに載ることが前提ならば、政府の公式見解を語らせるのが基本である。なお、文革の最も中心的な指導者・林彪が失脚し、モンゴルに逃亡中に飛行機が墜落、謎の死を遂げたのは一九七一年九月のことだが、当時の朝日新聞はこの事実を全く報じようとしなかった。

本多氏の取材意図は、最初から明確に、日本を批判することを目的としたものであることを、彼自身が語っている。

「私の訪中目的は、戦争中の中国における日本軍の行動を、中国側の視点から明らかにすることだった。それは、侵略された側としての中国人の『軍国主義日本』像を、具体的に語ることでもある。特に日本軍による残虐行為に重点を置き、虐殺事件のあった現場を直接たずね歩いて、生き残った被害者たちの声を直接聞きたいと考えた」（『中国の旅』）

これは、新聞報道として果たして正しい姿勢だろうか。もちろん、それぞれの記者が自分の政治信条や歴史観を持つことは自由だ。しかし、ここでは最初から、「日本＝侵略者＝悪」という図式が完全にできあがっており、しかも「侵略された側としての中国人」の立場に立つことが明確に宣言されている。本多氏は日本人である。仮に日本国の過去に、悪しき事件や恥ずべき事件があったとして、それを調査するとき、日本側の証言よりも、無条件に相手国の、しかも独裁政権下での証言を正しいものとみなすのは、報道や取材ではなく、ある種のプロパガンダではないか。

事実、本多氏が『中国の旅』で紹介したさまざまな証言記録の信ぴょう性に疑いを抱かざるを得ないことは、以下の引用部分を読むだけでも明らかである。

「日本軍がなだれこむ。大混乱の群集や敗残兵に向かって、日本軍は機関銃、小銃、手榴弾などを乱射した。飢えた軍用犬も放たれ、エサとして食うために中国人を襲った。二つの門に通ずる中山北路と中央路の大通りは、死体と血におおわれて地獄の道と化した」

「赤ん坊を抱いた母をみつけると、ひきずり出して、その場で強姦しようとした。母は末子を抱きしめて抵抗した。怒った日本兵は、赤ん坊を母親の手からむしり取ると、その面前で地面に力いっぱいたたきつけた。末子は声も出ずに即死した。半狂乱になった母親が、わが子を地面から抱き上げようと腰をかがめた瞬間、日本兵は母をうしろから撃った」

「逮捕した青年たちの両手足首を針金で一つにしばり高圧線の電線にコウモリのように何人も

ぶらさげた。こうしておいて下で火をたき、火あぶりにして殺した」

「『永利亜化学工場』では、日本軍の強制連行に反対した労働者が、その場で腹をたち割られ、心臓と肝臓を抜きとられた。日本兵はあとで煮て食ったという」

「（脱走しようとした労務者はリンチされ）まだ生きている二人は、飢えた軍用犬のたむろする中へ放り込まれた。中国人を『餌』として食うことに慣れている軍用犬の群れは、たちまち二人にとびかかり、音をたてて食った」（『中国の旅』）

このような「証言」を、裏付けもなくそのまま紹介することが、果たして報道機関のやるべきことだろうか。戦場でしばしば人間が狂気にとりつかれることはありうるし、残虐性を発揮することもある。しかし、上記のような事態が南京で繰り返され、三〇万人が虐殺されたということをにわかに信じることは誰にもできまい。あまり口にしたくないことだが、飢餓状態でもないのに食人をする発想は日本人のものとも思えず、また軍用犬に人間をかみ殺させたり餌にするなどはあり得ない。このような証言を大新聞に載せるのならば、少なくとも客観的な証拠か、もしくは疑問点を付記するなどの中立性が必要なはずだ。しかしこの『中国の旅』は、中国側の証言がそのまま紹介されるだけである。果たして本多氏は、取材していてこれらの証言に何の疑問も持たなかったのだろうか。

実は『中国の旅』に対しては、連載当時から、朝日新聞にはさまざまな疑問や抗議の投書があったという。しかし、本多氏は現在に至るまで、これらの証言を疑問視する声に正面から答える姿勢を見せていない。

本多氏は次のように語っている。

「いわゆる『公正な報道』とか『かたよらない報道』とか、こういうものは絶対ありえない」「あるのは、もう、やる側とやられる側、それしかない。その中間てないですよ。中間のやつはみんなやるほうに吸収されてしまう」

「公平なんてことといったら、あ、こいつは権力側の状況作りだな、と断言していい」（『朝日ジャーナル』一九七三年二月九日号）

確かに、報道において一〇〇%中立性を保つことは難しいだろう。しかし、少なくとも報道関係者は、事実の提示においては自分の主観や思想を交えないこと、結論の出ていない問題については両論併記を心掛けること、客観的な証拠のない証言については慎重に扱い、事実であるかのようには報じないこと、などは「公正な報道」として当然必要なことのはずだ。

それなのに本多氏は、「客観中立などは存在しない」と言いきってしまっている。なぜそんな乱暴な、まるでジャーナリズムの基本を否定するようなことが簡単に言えてしまえるのか。それは本多氏が、世の中を全て「やる側」（権力、資本主義体制、本多氏の考える「右翼反動」、そして戦前から現在に至る日本の体制）と「やられる側」（民衆、共産主義運動、本多氏の考える「進歩勢力」）に単純に二分化し、前者は常に間違っていて、後者は全て正しく、自分自身は後者＝正義の側に立っていることを確信しており、後者の言い分を紹介することは無条件に正義なのだという、世界や歴史の複雑さを見ない、薄っぺらな正義感に安住しているからなのだ。

中国側も、自分自身が発信するよりも、このような日本人に「中国＝善＝被害者」「日本＝悪＝加害者」の歴史観を宣伝してもらったほうが、はるかに日本国内で影響力を持ちうることに気づき、『中国の旅』を有効なプロパガンダの場として活用したのである。

日本のジャーナリズムの主流にはいまだに、本多勝一的発想が残されている。新聞の紙面にしばしば「市民、民衆の立場から見れば」「国民世論は」などの言葉が、それだけで肯定的な意味合いを持つかのように使われるのはその表れだ。世界史を少しでも学んでみれば、世論がしばしば過ちを犯し、民衆が常に正しい判断を下すはずもないこと、国家や政府が、時として抑圧的であったとしても、その庇護下で安全が守られてこそ、民衆の人権も生活圏も守られることは明らかである。そして、国家権力と資本家から、民衆や労働者を解放するという正義を掲げた共産主義革命は、現実にはチベットに見られたような民族虐殺や伝統破壊、そして政治犯収容所に代表される最悪の抑圧体制を実現し、民衆を抹殺していったのだ。

慰安婦問題を複雑化したのも日本側の自己責任

実はこの構図は、従軍慰安婦問題でも同様なのだ。これは朝鮮問題研究家の西岡力《つとむ》氏の表現だが、朝鮮人「慰安婦」は確かに存在したが、政治的責任として、日本が現在解決しなければならない、朝鮮人「慰安婦問題」は存在しない。当時も、現在でも、世界には貧しさの中で、自分の体を売らなければならない女性は、悲しいことだが存在する。そして、戦前の日本においては、そのような行為も合法的なものとして認められていた。まずこのことは、是非は別として確認しておかなければならない。

もし、日本政府や日本軍が、その意志のない女性を、強制的に慰安婦として連行したとするならば、それは確かに戦前においても犯罪行為である。しかし、その証拠は現在に至るまで出てきていない。もし、韓国の運動家や日本の一部研究者が言うように、多数の韓国人女性が強制的に慰安婦にされていたとしたら、その証拠は必ず残るか、もしくは日韓条約締結時に韓国側からこの問題が持ち出されたはずである。しかし、日韓条約締結時に韓国側は、韓国人労務者、軍人軍属の合計は一〇三万二六八四人であり、うち負傷ないし死亡したのは一〇万二六〇三人だと指摘しているが、慰安婦については全く問題にもしていない。

その後一九八〇年代まで、韓国は全く慰安婦問題は持ち出さなかった。このことが「強制連行」

という形で問題化するのは、一九八三年に吉田清治が書いた『私の戦争犯罪――朝鮮人強制連行』、いわゆる吉田証言からだ。吉田は、自分は韓国の済州島で、日本軍として、韓国人女性を強制連行し、無理やり慰安婦にしたと証言した。ここでも、朝日新聞が一九八三年一一月一〇日付「ひと」欄で吉田清治を、朝鮮人を強制連行したことを謝罪する日本人として紹介する。

この吉田証言が、全く根拠のないものであったことは現在では証明されている。ジャーナリストの大高未貴氏がそのご子息に取材した本『父の謝罪碑を撤去します』（産経新聞出版）で明らかにしたように、そもそも強制連行をしたという済州島に吉田氏は行ってもいなかったのだ。しかし、九〇年代以後、さまざまな調査によって吉田証言は根拠があいまいであることを指摘されていたにもかかわらず、朝日新聞が正式にこれを偽りと認め、取り消したのは二〇一四年八月のことだった。

しかし、もともと根拠のない証言で日本で問題化された「慰安婦強制連行」であるが、主として、日本の弁護士や活動家が主導する中、韓国人慰安婦の「証言」だけで事実のように報じられていった。ここでも、慰安婦とされる人は犠牲者であり、犠牲者の証言は疑うべきではない、同時に朝鮮半島を「植民地統治」した日本人は加害者であり、まず謝罪すべきである、という単純な図式が正義の名のもとに形成され、拡散されていった。

そして、その薄っぺらい正義感を、なんと当時の日本政府首脳は全面的に受け入れてしまったのである。宮澤喜一首相が一九九二年一月、韓国訪問時に、一国の首相として、次のように韓国に対し謝罪している。

「我が国と貴国との関係で忘れてはならないのは、数千年にわたる交流のなかで、歴史上の一時期に、我が国が加害者であり、貴国がその被害者だったという事実であります。私は、この間、朝鮮半島の方々が我が国の行為により耐え難い苦しみと悲しみを体験されたことについて、ここに改めて、心からの反省の意とお詫びの気持ちを表明いたします。最近、いわゆる従軍慰安婦の問題が取り上げられていますが、私は、このようなことは実に心の痛むことであり、誠に申し訳なく思っております」

同年、加藤紘一内閣官房長官も同様の発言をしている。

「政府としては、国籍、出身地の如何を問わず、いわゆる従軍慰安婦として筆舌に尽くし難い辛苦をなめられた全ての方々に対し、改めて衷心《ちゅうしん》よりお詫びと反省の気持ちを申し上げたい」

ここで宮澤首相は、日本国の首相としての立場ではなく、自分を神の視点に置くかのように、日本と韓国の歴史の上に立って一方的に加害者と被害者を区分している。これは少なくとも一国を代表する立場の発言ではない。歴史への反省をすることと、一方的に相手の言い分を認め、事実の検証もなく謝罪することは違う。そして、加藤官房長官の「国籍、出身地の如何を問わず」という言葉は、韓国のみならず、まるであらゆる国の慰安婦全てが日本により強制連行されたと認めるに等しい。

そして一九九三年八月四日、当時の河野洋平官房長官談話、いわゆる「河野談話」が発表される。これはいまだに、日本政府が公的に強制連行を認めたものとして利用され続けている。

「今次調査の結果、長期に、かつ広範な地域にわたって慰安所が設置され、数多くの慰安婦が存在したことが認められた。慰安所は、当時の軍当局の要請により設営されたものであり、慰安所の設置、管理及び慰安婦の移送については、旧日本軍が直接あるいは間接にこれに関与した。慰安婦の募集については、軍の要請を受けた業者が主としてこれに当たったが、その場合も、甘言、強圧による等、本人たちの意志に反して集められた事例が数多くあり、更に、官憲等が直接これに加担したこともあったことが明らかになった」

「また、慰安所における生活は、強制的な状況のもとでの痛ましいものであった。なお、戦地に移送された慰安婦の出身地については、日本を別とすれば、朝鮮半島が大きな比重を占めていたが、当時の朝鮮半島は我が国の統治下にあり、その募集、移送、管理等も、甘言、強圧による等、総じて本人たちの意志に反して行われた」

「いずれにしても、本件は、当時の軍の関与のもとに、多数の女性の名誉と尊厳を深く傷つけた問題である。政府は、この機会に、改めて、その出身地のいかんを問わず、いわゆる従軍慰安婦として数多の苦痛を経験され、心身にわたり癒しがたい傷を負われた全ての方々に対し心

からお詫びと反省の気持ちを申し上げる」（河野談話）

この河野談話は、日韓がその内容を事前に協議し、かなりの程度韓国側の言い分を取り入れたものだった。おそらく日本側は善意で、たとえ証拠はなくても、一定程度韓国側の言い分を受け入れれば、この問題は収束できるという判断があったのだろう。だが国際社会では、一度してしまった謝罪は、相手方が利用しようと思えばいくらでも利用されることになる。

この談話の最大の問題点は、「本人たちの意志に反して」という主観的な表現が繰り返され、「強制連行」という言葉を拡大化してしまったことである。日本軍は慰安婦を募集したことは事実であるが、それは当時の法制度下では違法な行為ではなかった。確かに女性にとってつらい体験であったに違いないが、貧しさにより慰安婦にならねばならないこと、業者の甘言に騙されたこと、場合によっては、両親や親戚に売られたことなどを、全て「本人の意志に反した」からといって、日本国家が謝罪することはできない。それならば日本人慰安婦にはなぜ謝罪は行われないのだろうか。現在の視点から人道的に同情することや、何らかの支援を行うことと、国家の謝罪と補償は全く別の問題である。

日本が謝罪すべきだと主張した運動家やマスコミも、また、それに安易に従った政治家も、「弱者」「犠牲者」とみなした慰安婦への同情があり、また、彼女たちの言い分に多少不明瞭な点があっても、犠牲者の側に立つことが正しいことだという思いがあったのかもしれない。しかし、それはかえって問題を解決困難にしてしまった。

二〇一五年、安倍内閣と当時の韓国政府との間に結ばれた日韓合意も、同様の「慰安婦問題は、当時の軍の関与のもとに、多数の女性の名誉と尊厳を深く傷つけた問題であり、かかる観点から、日本政府は責任を痛感している」「日本国の内閣総理大臣として改めて、慰安婦として数多の苦痛を経験され、心身にわたり癒しがたい傷を負われた全ての方々に対し、心からおわびと反省の気持ちを表明する」といった文章を入れている。本来、これで二度と国際社会にこの問題を持ち出さない（不可逆）という約束を日韓で取り交わしたはずなのだが、いまだにソウルの日本大使館前には韓国の民間団体が建てた慰安婦像は立ち続け、韓国政府は二〇一七年一一月のトランプ大統領訪韓時、慰安婦を大統領に会わせるという、国際的にもあり得ない行動により、今もこの歴史問題を政治・外交問題に利用しようとしている。

責任を追及するマスコミが責任を取らない現実

東京裁判をはじめとする戦後の裁判において、その裁判にいかに問題があったとしても、判決は下り、死刑になった人々も数多い。この人たちは、裁判から逃げることなく、自らの生命を捧げて、自分の責任を引き受けた。仮にその判決が不当なものであったとしても（多くが勝利者による傲慢で一方的な判決だった）、彼らは抗弁することなく従ったのだ。そこには、軍人として敗戦の責任を取らねばならないという責任感もあっただろうし、また、自分が犠牲になることで、日本の未来が開けるのならば喜んで犠牲になるという覚悟もあったはずだ。

それなのに、現在の私たちが、当時の状況を全く無視し、後知恵や今の価値観で、彼らを指弾したり、犯罪者のように扱ったりすることは、歴史と先祖に対する冒涜に他ならない。

そして、しばしばマスコミが口にする「歴史への反省、責任」という言葉だが、私としてはそれならば多くのマスコミや知識人には、本書冒頭で述べた、かつて共産主義体制であるソ連や中国を擁護したことがあり、その真実を伝えなかったことへの責任をぜひとっていただきたいと思う。これは皮肉ではない。例えば朝日新聞は、「チベット暴動の背景・狂信的なカンパ族」という見出しで、チベットのことをこのように書いていたのだ。

「カンパ族というのは、チベットのあらゆる部族のうち最も好戦的で、ダライ・ラマに狂信的な忠誠を示しているといわれる。カンパ族はカム（東チベット）で漢人の支配にことごとく反抗し、ゲリラ活動を続けていると伝えられてきた。その反乱の規模ははっきりしないが、カンパ族反乱のウワサで首都ラサが一種の興奮状態にあったことが、今度の暴動の一因となっているようだ」（一九五九年三月二八日付朝日新聞記事）

私もまた「狂信的なカンパ族」の一人ではあるが、たとえ当時情報が不足していたとしても、このような書き方でチベット民衆の蜂起を「暴動」、ダライ・ラマ法王への信仰を「狂信」と決めつけたのは、一方的と言われても仕方がないのではないか。
「チベットの反乱鎮圧後、中国側がうった手はあざやかであった。鎮圧と同時に、党の各級委員会や政府機関からたくさんのチベット人をひきぬき、工作隊を組織して続々とチベットの農村に送り込んだ。（中略）彼らの指導により、大量の積極分子が作られ、各地で『訴苦集会』が開かれた」「農民たちは農ド制（原文ママ）の圧制を訴え、山とつんだ借金の証文を自分たちの手で焼きはらった」（一九六〇年四月三日付朝日新聞記事）
これは中国政府の宣伝そのままである。この「訴苦集会」では、多くの僧侶、尼僧、そして中国軍への抵抗者、以前のチベット社会での有力者が攻撃され、辱められ、時には拷問や処刑がなされていった。朝日新聞は報道機関として、最低限、中国側の主張だけではなく、インドに亡命していたダライ・ラマ法王、そしてインド政府の声とを両論併記するような姿勢が必要だったはずだ。もちろん朝日新聞だけではなく、保守的な産経新聞をはじめ、多くの誤報は存在する。だが、この南京事件や慰安婦のような、重大な国際問題を引き起こしてしまった問題に対して、朝日新聞が十分責任を取ったとは言いがたい。
歴史というのは、共産主義者がよく言うような、何か決まった法則性で動いているものではない。あとになってからはいろいろな評価は可能だが、歴史の現場、特に世界戦争と革命が交差した二〇世紀前半のような時代では、現場の政治家も、外交官も、軍人も、目の前のさまざまな選択を、しかも即断に近い形で強いられる中、得られた範囲の情報に基づいて、自国の国益のために最もよい手段を選択せざるを得ない。将来のより良い判断のために後世の人がその選択が正しかったか否かを分析することは必要だが、そこでの判断を道徳的に指弾したり、自分がその場に置かれたら他にどのような手段が可能だったかを深く内省することなく、歴史を裁き、安全地帯から責任を問うことは傲慢過ぎる。

そして、韓国とであれ中国とであれ、戦前・戦中を含め、それまでの両国間のさまざまな問題は、原則的に国交正常化の段階で、お互いが清算することを約束して条約を締結したのだから、基本的に、過去は歴史学者や研究者にゆだね、政治・外交面ではそれを持ち出さないことが、本来の国交正常化の意味である。その意味では、今のように常に歴史問題を持ち出すのならば、韓国や中国との国交正常化自体が無意味だったことになってしまう。

歴史問題と現実の政治は切り離すべき

韓国と中国は、日本との国交正常化に伴う経済援助により、インフラを整備し、さらなる近代化を推し進め、経済を発展させることができた。そのことを考えれば、韓国も中国も、自分たちの国内事情により、政権への不満を外に向けようと、根拠のない反日運動をあおり、利用するような真似は、はっきり言えば国として卑怯な姿勢である。同時に、それに動揺し、左右されてしまう日本の外交姿勢自体も情けない。

戦争は確かに悲惨だし、特に兵器が進歩し核兵器まで作られてしまった時代、戦争を避けようという外交努力はこれまでの時代以上に必要だ。しかし同時に、私たちが人類の歴史を古代から現代まで見渡してみれば、戦争（国家間の戦争であれ、また内戦や民族間の紛争であれ）に無縁だった国はほとんどない。そんな中で日本は、近代まで対外戦争の経験が比較的少ない国家であったから、大東亜戦争の敗戦が民族全体に強い衝撃を与え、今に至るまである種の思考停止を引き起こしてしまった（とにかく国防や戦争の危険性を考えることそれ自体を避けようとする）。それは理解できないことはないが、そろそろ、この状態からは抜け出さなければならない。

国家間の戦争や、また、支配・被支配の関係について、これも思考停止、かつ非主体的としか思えない現象が日本では起きている。それは、例えば日本と韓国の間で、共通の場で歴史の検証委員会を作り、共同研究を行えば、共通の歴史観が見出せるかのような試みである。歴史の事実そのものは、確かに一つであるかもしれない。しかしその事実の解釈、そして価値判断について、立場の違う二カ国が共通の一致点を見出すなどということは基本的にできるはずがない。共同研究を行うのならば、お互いの解釈の違いを認め合うような場としてなら意味があるだろうが、歴史観とは、違う解釈を二つ並べ、足して二で割れば妥協できるようなものではないのだ。国家と国家が対立したとき、日本にとっての国益が、韓国や中国にとっての不利益になったり、また逆の現象が起きるのは当然のことである。

例えばアメリカは、今でも広島や長崎の原爆投下を、個々人や学者の見解はともかく、政府としては、正しい判断だったと主張している。もちろん、日本がそれを認め受け入れることはできない。この二つの価値観の間で妥協などあり得ない。しかし、アメリカと日本が現在の外交において、この歴史観の対立を外交問題にしているわけではない。オバマ大統領が広島に赴いて被爆者と抱き合ったときも、日本は大統領のアメリカの指導者としての最大限の行為に敬意を表したが、その責任を問うたわけでもない。それと同様、中国や韓国に対しても、歴史観の対立を政治、外交の面に持ち込ませないことを、日本が毅然とした態度で示せばいいだけのことである。

それに、韓国であれ中国であれ、日本以外の国に対して、歴史問題を持ち出しているわけではない。例えば、中国はアヘン戦争という、当時のイギリス国内ですら批判のあった、アヘン売買の強制、そして香港ほか植民地の強奪という、いかなる意味でも正当化できない戦争に対し、歴史問題としてイギリスを批判してはいない。他の中国を植民地化した西欧列強に対しても同様である。

また韓国は、歴史的に常に朝鮮半島を侵略していた中国に対し、その行為を抗議したことはない。朝鮮戦争で中国の人民解放軍が介入したことにより、分断国家の状態が続いてしまったという、韓国にとって絶対に許せないはずの「歴史問題」「戦争責任」を、中国との国交交渉で強く提起したこともなければ、現在に至るまで、抗議したことも、外交問題化したこともない。なぜ日本のみが歴史問題で抗議を受けるかといえば、それは、日本が歴史問題を持ち出せば譲ると見られているからであり、事実、戦後の歴史は正直それを証明しているのだ。

現時点で判断すれば、東京裁判は、最初から結論ありきの、裁判という名にふさわしいかどうかも疑問のある、勝者である連合国が一方的に日本国の指導者を裁いたものだった。少なくとも、原爆投下、東京大空襲というアメリカ軍の無差別虐殺も、ソ連軍の参戦による満洲・樺太での残虐行為やシベリア抑留も、いずれも民間人に対する戦争犯罪そのものであったというのに、一切裁かれることはなかったという一点をもってしても公正な裁判とは言いがたい。その他にも、インドのパール判事の日本無罪論（裁判そのものを法律家の立場で問題があるとみなした）など、この裁判における問題点はすでにさまざまな人が論じている。

その意味からも、現在の安倍首相が、戦後七〇周年談話において「あの戦争には何ら関わりのない、私たちの子や孫、そしてその先の世代の子どもたちに、謝罪を続ける宿命を背負わせてはなりません」と明言したことは、私は素直に評価すべきだと考えている。さらに言えば、すでに大東亜戦争終結から七〇年が経過した時代に、いまだに「謝罪」を求められること自体が、実は時代錯誤なことなのだ。日本国内でも、戦国時代は大名同士が戦争を繰り返した。戊辰戦争において、必ずしも官軍が全て正義であったわけでもなく、特に東北諸藩に対しては残酷な戦闘もあったという。しかし、だからといって、鹿児島県や山口県が東北六県と交流ができないなどということはない。七〇年という時間は、本来そのレベルの和解をもたらすべきものである。

逆に、歴史的な和解がなされない場合は、極めて危険な分裂がもたらされる。例えば二〇一七年八月、アメリカ南部のバージニアで、南北戦争時の南軍の英雄、リー将軍の像が、黒人団体などの批判があるとして撤去されることになったときに、抗議するグループと撤去賛成派が激しく衝突し、死傷者が出るほどの騒ぎになった。南北戦争は単純に奴隷解放のための戦争とは言えず、南部にとっては彼らの文化と生存権を守るための「独立戦争」の側面もあったのだから、その象徴であるリー将軍の銅像を撤去するような行為は、逆に極端な白人至上主義に火をつけてしまう。歴史問題とは、国内においてすら本来はこのような複雑な側面を含むのであって、時間の経過と共に良い意味で「風化」させ、過去の問題として現実の政治からは遠ざけていくべきものなのだ。

現代史の例を挙げれば、アメリカとベトナムはあれだけ長く悲惨な戦争を続けてきたのに、今は対話も交流もなしえている。外交面でベトナム戦争が持ち出されることは少なくとも公的な場ではない。それはお互いの歴史を忘れることではなく、歴史学や民衆の中で伝わっていく記憶と、現実の政治・外交とを混同しないこと、それが政治の知恵であって、同時に「国交正常化」の本質でもあるのだ。

自国の立場に立った歴史教育が必要

しかし、歴史問題を外交に持ち込ませてはならないという外交姿勢を日本が貫くためには、日本政府や外務省はもちろん、日本国民にも、外国の批判や一部報道機関の偽善や嘘を見抜くための一定の知識や論理が必要となる。そのためには、特に若い人たちに自国の立場に立った歴史観を教える必要がある。

その意味で、私は中條高德氏（元アサヒビール名誉顧問）の『おじいちゃん戦争のことを教えて』『おじいちゃん日本のことを教えて』（共に致知出版）や、藤岡信勝先生と「新しい歴史教科書をつくる会」などの活動を高く評価している。しばしば学校教育で日本史を教えても、近現代史については授業でも教えなかったり、また、正規の授業以外で先生の主観的な教育が行われたりすることは避けるべきことであり、日本政府、文部科学省は、近現代史における基本的な知識と、日本側の一定の見解を（領土問題なども含め）教育現場で教えることを今後徹底する必要がある。

よく、教育現場でも日本側の言い分だけではなく、他国の立場も両論併記で教えるべきだという意見が見られるが、一定の義務教育を終えたのち、各自がさらにさまざまな立場の意見を自主的に学ぶことや、研究者としてさらに深く探求していく姿勢と、義務教育、高校教育の場でなされるべき教育とは根本的に違う。生徒はまず、最初の段階で、自国の立場を明確に学ばなければ、その後さまざまな立場を学ぶ際も、座標軸を失い混乱を招くだけである。学校教育の場は原則的に、日本国民としての立場と知識を学ぶ場であって、研究機関や報道の立場とは異なるのだ。

そして、現在判明している一次資料を率直に読み込めば、自殺した中国人研究者アイリス・チャン氏の『ザ・レイプ・オブ・南京』や、先述した本多勝一氏の『中国の旅』が述べているような大量虐殺が、南京戦後、組織的になされたということはまず考えられない。そうである以上、中国政府が発表している「三〇万人虐殺」という数字に対しては、日本政府はもっと強く抗議する必要がある。それは日本の名誉のためだけではない。相手側の中国に対しても、正確な歴史を冷静に学ばせることは、実は長期的には日本との友好のみならず、国際的にも中国の信用を高めることになるはずなのだ。

真の対等な関係とは

日本は独立国である以上、相手国に対し過剰な配慮や譲歩はすべきではない。韓国、中国の言い分に虚偽や誇張、根拠なき日本批判があるとするならば、それに対しては最低限、貴国の言い分は、私たちの知る客観的資料からは認められない、貴国が主張するのは自由だが、私たちはそれに抗議し反論することで、日本国の名誉を国際的に断固として守る、という姿勢を明確に示さなければならない。さらに、国交正常化で本来決着した問題を外交に持ち出すことは国際条約違反であり、わが国は貴国との友好関係をこれで見直さなければならなくなると反論することが、真の意味で、日本の独立のみならず、相手国との対等な関係を作り、お互いが尊重し合うためにも必要なのだ。

対等の関係、というのは、お互いの意見が一致した関係ではない。お互いの意見の不一致を当然の前提とした上で、相互に助け合い、時には対立し、交流を続けるのが対等の関係である。相手に合わせることは、卑屈であるだけではなく、実は内心相手を軽蔑しているときにこそ起きる態度であることを忘れてはならない。

私はインド大使退任直後の榎泰邦氏の講演会で、日本は戦後、八二回は公式に謝罪したという話を聞いたことがある。榎氏が大使だったのは二〇〇七年までのはずだから、今ではもしかしたら一〇〇回を超えているかもしれない。それはもはや謝罪ではなく、単に頭を下げ、時にはお金を出して、相手の不当な要求をやり過ごすだけのセレモニーに過ぎない。そして、謝罪を求める側も、真摯に怒りを表しているわけでも問題を解決したいわけでもない。このような関係は個人においても、国家においても、極めて不健全である。

「チベット人虐殺」をユネスコの記憶遺産に

私は歴史問題の専門家ではないが、昨年（二〇一六年）主体的に関わったことがある。それは、藤岡信勝先生が代表を務める通州基金アーカイブス設立基金と共同で、中国支配下におけるチベット人虐殺一二〇万人の記録を、ユネスコの記憶遺産に登録申請したことだ。

私が共同申請に踏み切った理由は三つあった。

一つは、中国人によるチベット人虐殺と共通性があると考えたからだ。通州事件については、ジャーナリストの加藤康男氏の『慟哭の通州』をはじめ、藤岡先生の研究や当時の証言などが発表されている。一九三七年、何の罪もない日本人（当時は日本国籍だった朝鮮人も含む）が、彼らを本来保護すべき中国の保安隊によって虐殺された事件である。中国人は私たちチベット人を、チベット人であるというだけで弾圧し虐殺したが、これは最悪の意味での中華思想、他民族を蔑視した犯罪であった。その点で、通州事件の本質と共通性があると考えられた。

もう一つは、これは単に中国人の行為や残酷さを指弾したかっただけではなく、中国人自身に、このような負の歴史があることを知ってもらいたかった。日本のような民主主義国は言論の自由も出版の自由もあり、日本を批判する文献でも、探せば簡単に入手することができる。しかし、中国はそうではない。中国の負の歴史を教えるような資料や文献を、中国国民が自由に読むことはできない。その意味で、国際機関であるユネスコに登録されることは、中国人にとっても、自らの歴史を学び、反省すべきところは反省するための資料としても有意義なはずだ。しかも、通州事件は当時の新聞や、日本軍の記録に明記された歴史的事実であり、またチベット人一二〇万の虐殺も、亡命政府が発表し、一度も中国が抗議も訂正も求めていない数字である。そして、国連も、その他の国際社会も、何度も中国にチベット人への不当な弾圧を停止するよう勧告しており、客観的な証拠も出すことができる。

最後に、ユネスコの中立性を、私はある程度信じていたことも認めざるを得ない。

二〇一五年、ユネスコは、中国の申請した「南京大虐殺」を記憶遺産に登録した。もちろんこれは中国が政治的効果を狙ってやったことは明らかだったし、記憶遺産とは、一次資料として世界が納得できる資料でない限り登録対象ではないはずなのに、何ら客観的証拠のないものをユネスコが認めたことはおかしい。しかし、同時にそれならば、はるかに証拠もあり、国際的にも異論のない、チベットや通州の虐殺も、登録される可能性は十分あると思っていた。

しかし、ご存知のように、二〇一七年一〇月、ユネスコはこの二件とも登録は認めなかった。そして、それ以前のユネスコの姿勢から、すでにこの機関が中国にかなり取り込まれてしまっていることも明らかになった。逆に言えば、その実態を知らしめたという点では、この登録申請にも意味があったのかもしれない。

なんと、最初にユネスコからチベット登録について返ってきた言葉は、提出した資料の中には、現在「チベット自治区」として認められていない地域における資料が含まれている、という指摘だった。中国が現在「チベット自治区」と勝手に決めている地域だけが、私たちチベット人にとっての領域ではない。現在四川省や青海省とされている地域の一部は、かつてチベット国としてチベット人が住んでいたのだ。そもそも「チベット自治区」という概念自体、中国軍が侵略してくるまではあり得ないものだった。中国の支配下にあったチベットに、「自治区」が設定されたのは一九六五年のことである。中国が勝手に決めた領域以外のチベット人の虐殺や人権侵害を認めないというのは、それこそ、ユネスコによる差別ではないか。

もっともさすがにユネスコも、この指摘は向こうから自発的に取り下げてきた。これは藤岡先生が、ユネスコに私たちの意志を丁寧に伝えてくれた結果であろうと思う。しかし、このようなユネスコの姿勢、そして記憶遺産として、中国政府が申請した南京事件は登録しても、チベットや通州の虐殺は認めないというのは、ユネスコの本来の目的である「人種、性、言語又は宗教の差別なく確認している正義、法の支配、人権及び基本的自由に対する普遍的な尊重を助長するために教育、科学及び文化を通じて諸国民の間の協力を促進すること」に明確に反する行為であり、ユネスコの存在意義を揺るがすことである。

だからと言って、私はアメリカが行ったように、ユネスコからただ脱退することだけが正しいとは思わない。ユネスコも国連の一機関としてすでに古くなり、中国に政治利用されていることは事実である。しかし、日本やアメリカ、イスラエルなどが完全に背を向けてしまえば、今後ますますユネスコ、そして国連が中国の支配下に入ってしまう危険性もあるだろう。幸いにして、ユネスコの事務局長は、私たちの申請をはねつけた、ブルガリア人のイリナ・ボコヴァ氏から、フランスのオードレ・アズレ前文化相に交代した。ボコヴァ氏は、冷戦時代、ソ連に完全に忠誠を誓っていたブルガリア共産党に所属していた人物であった。この事務局長交代を契機に、日本政府もこの歴史問題において、ユネスコの政治利用を一切廃し、記憶遺産を真に人類が共有しうるものとして、国家間の対立とは無縁のものとするためにさまざまな努力をしている。歴史問題を政治利用することは、先人を侮辱し歴史をゆがめ、無用な対立を世界に長引かせ、真の相互理解を損なうことを、世界は、特に中国や韓国は学ぶべきなのだ。

第七章　大東亜会議の意義

戦死者を悼《いた》むのは国家として当然

前章では歴史問題について、薄っぺらい正義感と、歴史をあまりにも単純に裁く視点が、先の戦争を単純に日本を悪、中国や韓国の側を被害者としか見ない発想をもたらし、それが政治的に利用されている問題を述べてきた。しかし、そもそも、日露戦争から大東亜戦争に続く日本の一連の近現代史を、他のアジアの人たちはどう見てきたかを、アジア人自身の言葉でたどりながら、これからの日本とアジアの関係について考えていきたい。

最初に述べておくが、私がまだ日本のことをよく知らなかったとき、政治家の靖國神社参拝が、日本の新聞やテレビで取り上げられるのを見たときには、この政治家はきちんと国のために準じた人たちに敬意を表している、とほめている記事ではないかと思っていた。それが国際的には当たり前のことで、どの国も、その戦争への歴史的評価は別にして、国家の命令に従って戦い、命を落とした兵士たちに対して敬意を払わなければ、国防の意義と精神が根本から失われてしまう。しかし、あとになって、その報道は靖國神社に参拝する政治家に疑問を呈するものがほとんどだと知って、正直、その意味が全く分からなかった。

その後、戦後日本では、マスコミも、また多数派の知識人、ジャーナリストも、日中戦争も大東亜戦争も、基本的に間違った戦争、侵略戦争としてのみ解釈されてきた、いわゆる東京裁判を基本とする歴史観が主流であったこと、そこから、靖國神社そのものが、悪しき軍国主義の象徴として受け取られてきたことを私も知るようになった。

しかし、私はその歴史観に納得がいかなかった。私が最初に靖國神社に参拝したのは、恩師の倉前盛通先生のカバン持ちをしていた頃であった。鮮明に覚えているわけではないが、先生は「今の日本があるのは、靖國神社に祀られている勇士たちのお陰である」といったことをおっしゃっていたと思う。資料館で数々の手紙を読んで胸が詰まるような思いと、自分の周囲でも大勢の若者がゲリラとして捨て身の精神で中国と勇敢に戦ったのに、何の記録も残されていないことを思い、少しうらやましい気持ちにもなった。国を失うということは、その国のために命を捧げた人々を顕彰することもできなくなるということだ。このことを、日本の人たちには絶対に忘れてほしくない。

一九八〇年一一月、ダライ・ラマ法王の日本ご訪問の際、当時法王の代表の立場にいた私は、恩師の倉前盛通先生、木村肥佐生先生と歴史小説家の岩田玲文《れいもん》先生のご助言を得て、法王

1943年に東京で行われた大東亜会議。アジア各国の首脳が集まった。参加各国の国旗の前で、チャンドラ・ボースが演説している。

を靖國神社にご案内する機会に恵まれた。宮司様をはじめ、神社関係者のご厚意で正式に迎えていただき、法王も同胞のために命を捧げられた方々のご冥福を祈られた。法王の日本ご訪問の受け入れ団体であった世界連邦日本仏教徒協議会の厳谷上人《しょうにん》、稲田上人、東京都仏教連合会の郡司老師など、日本の高僧方もご同行してくださり、法王は明治神宮も参拝された。私たちチベット仏教徒は仏に帰依し、神を敬う。法王も日本をご訪問なさる際は伊勢神宮などを参拝し、土地の神々に敬意を表されている。

どこの国にも自国を守るために犠牲になった戦士たちのための墓地があり、敵味方の立場を超えて、そこに眠る人々の勇気を賞賛し冥福を祈る気持ちを大切にしている。

もしも主流のマスコミや知識人の言うように日

本の侵略戦争が許せないものならば、その人たちはなぜ、わが祖国チベットを侵略した中国に対し、当時ほとんど批判してくれないのか理解ができなかった。

また、私たちチベットや、インド、東南アジアにはまた別の歴史観があるのに、それにはほとんど目もくれず、自分たちの先祖を、特定の国から押し付けられた歴史観で批判しているだけに見えて仕方がなかった。

当時のアジア指導者たちの声

現在、アジアにおいて独立している国々は、大東亜戦争当時、フランス植民地ベトナムとイギリス植民地ミャンマー（ビルマ）の不干渉地域として一定の独立を保っていたタイを除けば、全て欧米列強の植民地であった。完全な独立国と言えたのは日本しかなく、中華民国も、列強諸国に国内を土足で歩かれているような状態だったのだ。わがチベットも独立を保ってはいたが、外の世界に対し閉鎖していた。

少なくとも日本は、今あげた国々の中で、蔣介石政権以外とは戦争していない。他の諸国は、当時、国家自体が存在していなかった。そして、韓国と北朝鮮、そして台湾の人々は、当時は日本国民として日本軍に参加していた。その意味で、日本が「東南アジア諸国を侵略した」という表現は間違っている。日本は、少なくとも国家間戦争としては、東南アジアにおいては、イギリス、フランス、アメリカ、オランダと戦ったのである。

この戦いを、アジア解放の聖戦だと考える人もいれば、植民地帝国同士の抗争だという人もいるだろう。それこそ、歴史にはさまざまな見方がある。しかし大切なことは、日本は少なくとも、フィリピン、ビルマ（ミャンマー）には大戦中、独立を与えた。だからこそ、一九四三年の大東亜会議に、独立国代表として、フィリピンのホセ・ラウレル、ビルマのバー・モウがそれぞれ参加したのだ。同じくこの会議には、中華民国（南京政府）の汪兆銘、そして今は失われた国家、満洲国の張景恵《ちょうけいけい》、そして、当時はまだ独立を成し得てはいなかったが、自由インド仮政府のチャンドラ・ボースも参加していた。ボースのインド国民軍は、日本の支援のもとで編成され、祖国をイギリス植民地から解放することを宣言していた。

インドネシアに対しても独立は約束されたが、日本の敗戦によりそれはかなわなかった。しかし、戦後のインドネシア独立戦争には、多くの日本軍兵士が参加し戦ったことはよく知られる。また、戦争中に日本軍は、インドネシアの国民に軍事訓練を行っている。もしも本当に日本が植民地支配と侵略のために戦ったのならば、なぜ、そこで支配する民族に武器を与え、訓練をする必要があったのだろうか。また、欧米植民地を奪い、わがものにするための戦争であったのなら、その地をそのまま日本の植民地として、日本の総督府を置くことも可能だったのに、なぜ、それぞれの国に独立を許したのだろうか。

現在に至るまで、この大東亜会議は、日本が立てた傀儡政権の集まりであり、実体はなかったかのように語られることが多い。毎年八月、終戦記念日前後に、大東亜戦争についての議論がマスコミで報じられるときも、また政治家の発言でも、この大東亜会議が触れられることは極めて少ないのはそのためだろう。

しかし、私はあえて言っておきたい。そこにいくつかの限界や矛盾があったとしても、他国に植民地化され、民族の誇りを奪われ、かつ本来ならば自分の祖国で、二級市民、時には奴隷のように扱われていた民族にとって、独立を成し得たというのがどれほど感動的なことだったか。それは、国を失った私のような民にはよく分かる。そして、この大東亜会議で発言した各国のリーダーたちの言葉は、決して日本に追従するだけのものではなく、自国の立場、自民族の立場をしっかりと訴えようとしていた。会議での発言からいくつかを引用する。

中華民国　汪兆銘

「中華民国の国父孫先生の一生の抱負は、即ち中国及び東亜をして米英侵略勢力の桎梏《しっこく》を破砕し、その独立自主を完成せしむるに在ったのであります」

「その説くところは即ち大アジア主義であります。その中に於いて『我々アジアは世界最古の文化の発祥地であるに拘らず、最近百年以来米英の侵略を蒙り、漸次衰微するに至り、ほとんど一つとして完全なる独立国家の存在を見ざるに至ったのであるが、その衰微が極点に達したとき、突如その転換期が到来した。これ即ち日本の維新であって、此の日本の維新こそ、日本がアジアにおける先進国たる原因となったのであり、同時にこれがアジア復興の出発点となったのである。アジア各国は先進国日本と共に同心協力、東方の王道的文化に基づき、西方の覇道的文化に打ち勝って、米英の侵略勢力を完全に駆逐し、アジア各国の団結によりアジア各国の独立自主を完成せしめなければならないのである（後略）』と言われたのであります」

タイ　ワンワイタヤコーン

「日本は中華民国が完全なる主権を回復することを援助し、満洲国、ビルマ国、並びにフィリピン国の独立を支援し、さらに独立獲得を目的とする自由インド仮政府樹立を援助致されたのであります。タイ国はこれらの成果を欣快として衷心より支持する次第であります」

「今や大東亜は最早単なる地理的名称ではなく、確固たる基礎の上に立つ共栄圏を意味することとなった以上、大東亜国民の大事業は、戦争遂行上相互に協力し、以て絶対的成功をおさめ、各国民がその有する総力を挙げて全体に共通の利益たる共栄圏確立のために寄与することであります」

フィリピン　ホセ・ラウレル

「共存、協力及び共栄こそは大日本帝国により唱道せられ大東亜共栄圏の他の諸民族の帰依する神聖なる理念の根底をなす三要道であります。大東亜諸民族諸国民をしてその自然の生存権を享受せしめんがために、大日本帝国はこの聖戦に生命財産のみならずその存立そのものさえも賭しているのであります。日本は単に自国民のみならず、大東亜全民族のために戦いつつあるのでありますが、日本は一人自己のみが生存し東亜の同胞が滅び苦しむことを幸福とするものでないことは私は十分承知している所であります」

「閣下並びに各位、今日我々が単に物心両面のみならず現戦争完遂に必要なあらゆる点において団結しているが如く、今次戦争が大日本帝国の勝利に終わりたる暁に於いては、現に互いに隔離し搾取に委ねられている五億の東洋人が居住する国、すなわち中華民国が、現在の如く血を流すことなく幸福に結合せる中国となり、日本との協力により世界の小部分を東洋人の安居楽業の地たらしむるための決定的要素となるであろうことを私は切に希望するものでありま す。今や我々は、我々の天命尽き彼の世に旅立つ日が参りましょうとも喜んでこの世を去ることができるのであります。何故ならば我々は我々の子孫が再び西洋諸国の搾取支配を受けぬことを十分承知しているからであります」

ビルマ　バー・モウ

「今日大東亜会議は東亜の首都に開催されております。かくして新しい世界、新しい秩序、新しい国籍が生まれたのであります。有史以来初めて東亜の国民は、東亜は一にして分離すべからずという真理に基づく、自由にして平等なる同胞として、会合しているのであります。しかし、本日の東亜国民の会合は無から生じたのではありません」

「日本によるアジア指導権の把握、無敵日本軍の電撃的作戦による東亜の席巻及び反亜細亜勢力の撃墜、歴史に例なき日本を中心とする全東亜国民の共同の敵に対する結集、更にアジア進展の一転機を画するビルマ国及びフィリピン国の独立が即ち該当するものであります。実にいまだに是より偉大にして重要なる事件が東洋に起こったことはないのであります」

もちろん、戦時中、そして日本の首都で行われた会議における発言であることは割引いて考えるべきだろう。しかし、これらの発言に共通しているのは、この大東亜会議を、新しいアジアの時代の到来、そしてそれまでの欧米植民地体制からの脱却の象徴として評価していることだ。この会議が日本国が東南アジアにおいて欧米植民地を解放したからこそ成立したものであること、その上で、アジア諸国、諸民族が連帯しなければならないことを彼らは共通して訴えており、決して日本への従属を示してはいない。当時の日本の傀儡に過ぎなかった、と決めつけるのは、このアジアの指導者たちをむしろ貶《おとし》めるものである。

私は、日本が何も居丈高に、自らの力でアジアを独立させたという業績を喧伝すべきだとは思っていないし、それは日本国民の謙譲の美徳にも反することだ。しかし、アジアの指導者たちの独立への情熱と、彼らが日本に感謝し、大東亜戦争の意義を評価していたことを、少なくとも日本は自らの歴史の誇るべき一ページとして記憶しておく必要があるし、それを担った靖國の英霊たちに敬意を表するのは当然のことだと考える。

「インドの英雄」チャンドラ・ボース

そして、この大東亜会議の意義を最も高めたのは、チャンドラ・ボースの参加であった。ボースは、ガンディーやネルーと共に、インドの傑出した独立運動の指導者だったが、彼がこの二人と異なっていたのは、インド独立は絶対に武力による戦いをもってしか成立できないと考えていたことだった。ボースは当初、ドイツに亡命し、ヒトラーとナチス・ドイツにインド独立への支援を求めたが、ヒトラーは「インドは独立まであと一五〇年はかかるだろう」と、ほとんど興味を示さなかった。ドイツは基本的に、植民地体制そのものは否定していない。むしろドイツは、イギリスの海外植民地は認めた上で、ヨーロッパで巨大な帝国を作ることを模索しており、この点でも各民族の独立を認めた日本とは大きく違っていた。

ボースは日本が英米に宣戦布告、東南アジアで日本軍が勝利を重ねるのを見て、インド独立のための戦いを日本と共に行うことを決意した。そして、一九四三年二月八日、ボースはUボートでドイツを出国、インド洋上で日本の潜水艦に移乗して、五月に日本に到着する。

当初は東條英機首相も、ボースをそれほど重要視していたわけではない。しかし、実際にボースと面会すると、首相は完全にボースの愛国の熱情や独立への意志に魅せられてしまった。ボースの演説の録音などを聞くとよく分かるのだが、彼の弁舌は、内容以上に、彼の人間性や信念がそのまま伝わってくるような力があり、まさに、カリスマ的英雄とはこのような人なのだと思わせる。

そして、この会議でのボースの演説は、参加者の中でも最も素晴らしい、歴史への深い洞察と、インド独立への妥協なき道のりを示したものだった。

自由インド仮政府　チャンドラ・ボース

「我々自由インド仮政府並びにその指導下にある全てのものは、将に米英帝国主義に対し最後の決戦を開始せんとしているものでありまして、我々の背後には無敵日本の強き力のみならず東亜の解放せられたる各国民の総意と決意ありとの自覚のもとに、今や我々は不倶戴天の仇敵撃滅に進軍せんとしている次第であります」

「議長閣下、本会議は戦勝者間の戦利品の分割の会議ではないのであります、それは弱小国家を犠牲に供せんとする陰謀、謀略の会議でもなく、又弱小なる隣国を瞞着《まんちゃく》せんとする会議でもないのでありまして、この会議こそは解放せられたる諸国民の会議であり、即ち正義、主権、国際関係における互恵主義及び相互援助等の尊厳なる原則に基づいて世界のこの地域に新秩序を創建せんとする会議なのであります。私はかかる会議がこの日出ずる国に開催せられたのは偶然のことではないと考えるものであります」

「自由にして繁栄に充ちたる新東亜の建設に当たり、日本国政府並びに国民が指導的役割を務むべきことは歴史上定められたる所であることを私は信ずるものでありまして、日本国並びに日本国民のかかる使命は一九〇五年にアジアの一国が西洋の侵略に抗して決起したるときに正史に鏤刻《ろうこく》せられたのであります」


ここでの「一九〇五年にアジアの一国が西洋の侵略に抗し」とは、もちろん日露戦争のことである。日露戦争はボースだけではなく、さまざまなアジアの志士にとって、アジア人が西欧列強に勝利したという点で重要な歴史の転換であった。

「議長閣下、私はここに、大東亜共栄圏の建設は単に東亜民族のみならず（中略）全アジア民族、並びに全人類にとって重大関心事たることを指摘致したいのであります。私は、アフガニスタンより、チュニス、アルジェリア及びモロッコに跨る地域を親しく知るものであり、殊に右地域に住む被抑圧国民と個人的接触を有するものでありますが、実はインドは久しきにわたり東亜と西亜とを結ぶ橋梁であったのであります、従って西亜（中略）諸国民が東亜の諸事情に深甚《しんじん》なる関心を持って注視していることは私は確信している所であります」

「殊に私は多年英国の帝国主義に専制、支配、抑圧のもとに呻吟して来れる西亜及びアフリカの民族につき言わんとするものでありますが、少なくともこれら諸民族の将来の解放は日本及びその興国が今次戦争に勝利及び成功を勝ちうるや否やに懸る所大なりと言い得るのであります。インドより英米帝国主義を払拭するに非ずんば、抑圧せられたる回教圏国民が英国の桎梏を脱し、喪《うしな》われたる自由を回復することは至難でありまして、おそらく不可能とも言いうるでありましょう。大東亜共栄圏の確立は汎《はん》アジア連盟への道を開くものでありまして、更にアジア人のためのアジア、換言すれば全アジア共栄圏の確立が究極においては世界連盟への道（中略）真の国家共同体への道を開くものであることは微塵も疑わざる所であります」

ボースは当初ドイツを目指してインドから脱出する際、アフガニスタンをはじめとする中央アジアを通過しており、イスラム圏やアフリカ諸国の独立をも視野に入れていた。同時に、ボースは独立後のインド・パキスタンにおける分裂や紛争を予期していたかのように、インド国民軍を編成する際、ヒンドゥー、イスラム、仏教など、宗教による区別・差別を一切せず、全て平等であるという姿勢を貫いた。また、これは日本軍にもなかったことだが、インド国民軍には婦人部隊も編成され、女性もまた、看護婦などの形で軍に所属し、インドにおける男女差別の解消を目指していた。

「併《しか》しながら全てかかる新世界、新アジア、自由にして繁栄成る新大東亜の理想の達成は（中略）我々が現戦争に勝利をおさめうるや否やにあるということは忘れえない所でありまして、インドに関する限り我らの運命は今次戦争における日本及びその與国の運命と不可分関係にあるのであります」

「インドに取りましては英帝国主義に対する徹底的抗争以外に途はないのであります、仮に他国は英国との妥協を考慮しうると致しましても、少なくともインド民衆にとってはかかることは全く問題にならないのでありまして、即ち対英妥協は奴隷化との妥協を意味するものであり、我々はかかる妥協は決してこれを行わざる決意を有するものであります」

「ゆえに我々は今後いかなることが起ころうとも、またその闘いがいかに長期困難を極めようとも、更に又闘争に伴う苦痛及び犠牲が如何なるものになるにせよ、我らの究極の勝利を確信し、茨の道を最後まで戦い抜く決意に燃えるものであることを、閣下各位に対し確約致したいのであります」

ボースはインド国民軍に対しての演説でも、この精神を繰り返し語っている。そして、インパール作戦が崩壊し、日本軍の敗戦がほぼ明らかになったときも、今戦いをあきらめたら、インド国民軍は、景気のいいときだけ日本軍と行動を共にしただけだと言われてしまうだろうと、最後まで徹底抗戦の姿勢を貫いた。

「正義、主権、互恵及び相互援助の原則に基づく新秩序創建の事業を始められることにより、各位は人類の考えうる最も崇高なる事業を遂行せられつつあるのでありまして、並びに私は各位の崇高なるご努力は成功の栄冠を勝ち得、岡倉覚三（天心）並びに孫逸仙《そんいっせん》（孫文）の理想が実現に移されんことを祈ると共に、更に、本日午後この歴史的会議に於いて満場一致を以て採択せられたる大東亜共同宣言が東亜各国民の憲章であり、更には全世界の被抑圧国民の憲章たらんことを祈る次第であります」

ここでボースが最後に述べている「大東亜共同宣言」とは、以下の五カ条からなる。

大東亜共同宣言　本文
一、大東亜各国は協同して大東亜の安定を確保し道義に基く共存共栄の秩序を建設す
二、大東亜各国は相互に自主独立を尊重し互助敦睦《とんぼく》の実を挙げ大東亜の親和を確立す
三、大東亜各国は相互に其の伝統を尊重し各民族の創造性を伸暢《しんちょう》し大東亜文化を昂揚《こうよう》す
四、大東亜各国は互恵の下緊密に提携し其の経済発展を図り大東亜の繁栄を増進す
五、大東亜各国は萬邦との交誼《こうぎ》を篤《あつ》うし人種差別を撤廃し普く文化を交流し進んで資源を開放し以て世界の進運に貢献す

この五カ条精神は、現在においても何ら古びたものではない。いや、それどころか、中国共産党支配下、チベット、ウイグル、モンゴルら各民族がひどい弾圧や抑圧を受け、ロヒンギャ難民に象徴されるような民族対立や宗教紛争があとを絶たぬ中、今こそ振り返るべき、アジア連帯の精神を体現している。まさにこの大東亜会議こそ、世界初の有色人種サミットというべき、アジアの連帯と民族自決、そして各民族の協和のための歴史的会議だった。

大東亜会議七〇周年記念集会

平成二五年一一月六日、憲政記念館にて、加瀬英明先生、アジアの独立のために力を尽くした玄洋社の頭山満の直系である呉竹会の頭山興助先生を中心に、この大東亜会議七〇周年を記念する集会が開催された。ヘンリー・ストークス氏、渡部昇一氏、そしてチャンドラ・ボースの親族（兄の孫）スラヤ・ボース氏らが登壇したこの集会は、マスコミにはほとんど紹介されなかったが、ここでスラヤ・ボース氏は、まさにチャンドラ・ボースの魂を引き継ぐような立派な演説をされたのだった。

ボース氏は、チャンドラ・ボースとインド国民軍が、日本軍と共に戦い、一時は祖国インドの地にインド国旗を立てることもできたのだが、雨期の到来、連合軍の空軍力などに屈し、多くの犠牲を払わなければならなかったこと、しかし同時に、戦後、このインド国民軍がインド国内で裁判にかけられたときに、インド民衆、そして英国インド軍に起きたことと、その独立への意識についてこう語った。

「インド国民軍の将校や兵士達は、英国の当局によって捕虜としてインドに連れられて、裁判にかけられました。このことは、インド民衆の心に『彼らは何に忠誠を尽くしていたのか？

外国の支配者か？　それとも愛国者なのか？　インド国民軍は自由のために闘っていたのではなかったのか？』という基本的な疑問を起こさせました」

「英国インド軍、空軍、海軍では反抗が起きました。オーキンレック将軍は、インドの所管大臣と提督に、英国インド軍の将校や兵士の共感はボースとインド国民軍の側にあり、従って、起こりうるインドの革命を鎮圧することは期待できない、と伝えました。スバス・チャンドラ・ボースは戦いでは確かに負けましたが、インド独立闘争には勝利したのです」

「この数年、日本とインドがより親密になり、経済協力や科学、技術、さらに文化面でも、相互交流が成熟して、永続的な戦略的関係になっているのは、とても心強いことです。日本は、あらゆる階層のインド人にとって励みの源でした。そして今でもそうなのです。インド首相と日本は、両国間の結びつきをより密にする双務関係の新しい枠組みを決定しました。我々は今、つながった世界に生きており、従って日本とインド間の産業の親密な協力が、その世界的成功に寄与するでしょう」

インドの独立は、ガンディーの非暴力行動や、ネルーのイギリスとの外交交渉だけで成立したのではない。この、インド国民軍の存在が、インド民衆と英国インド軍に与えた影響は計り知れないのだ。

日本は今こそインドと連携すべし

チャンドラ・ボースは大東亜戦争後、今度は、ソ連にて対英独立運動を続けようと、台湾から飛行機で満洲を目指したが、飛行機は墜落、事故死した。彼の最後の言葉は「私はまもなく死ぬだろう。私は生涯を祖国の自由のために戦い続けてきた。私は祖国の自由のために死のうとしている。祖国に行き、祖国の人々にインドの自由のために戦い続けるよう伝えてくれ。インドは自由になるだろう。そして永遠に自由だ」というものだったという。ボースの遺骨は今も杉並区蓮光寺に眠っている。ボースはインドの独立を見ることはできなかったが、その行動は歴史を切り開いた。

日本が歴史を語るとき、中国や韓国からの南京や慰安婦問題に関する批判に対抗して反論することはもちろん大切だが、日本がこの大東亜会議をはじめとして、アジアに対してどれだけの希望を与えていたか、白人の植民地体制に対し、靖國の英霊たちを含めて、アジアの志士たちがどのように戦ったかを、きちんと語ることも大切だ。その意味で、日本が教育の中で、哲学や歴史、そして特に近現代史について、日本がどれだけの役割を世界に果たしたかを教えていかないと、個々の歴史問題にとらわれてしまって全体の歴史が見えなくなってしまう。

今、この大東亜会議の精神が、極めて重要な時期にきている。中国は、確かに世界の超大国になりつつあり、自らもアジアの代表であるかのように振る舞っているが、アジア、いや世界において、一番の民主主義の超大国はどこかと言えば、それは間違いなくインドだ。そしてこのインドは、日本と本当に手を結びたがっている。そして、日本とインドが手を結ぶことは、中国の圧力に屈しそうになっているほかのアジア諸国に対しても大きな励ましになる。かつてアジアは欧米の植民地体制に押さえつけられていた。それが今、中国共産党という、国際社会の常識を無視する覇権国家がアジアを覆わんとしている今、日本とインドの関係は大変重要なものになっている。

また、地政学的にも、アジアの南西部に位置するインド、東に位置する日本が連携し、東南アジア諸国をその輪に加えていくことは、アジア全体の安定と平和のためにも大切なことである。このことは、近年、特に日本では安倍政権、インドではモディ政権誕生後、お互いが深く意識するようになってきた。

かつての冷戦時代は、ソ連の影響の強かったインドと日本が接近することは、おそらくアメリカの妨害で困難だったかもしれないが、今はそのような障害はない。むしろ、アメリカの立場から見ても、日本とインドが軍事面も含め、深く協力することはプラスであり、必然的な選択となってきている。

この意味で、二〇一七年九月の安倍首相のインド訪問は大変意義があった。そこでは単に経済だけではなく、安全保障、世界秩序、外交面でも互いに協力していこうという取り決めがなされた。そして、インドは若い国で、人口一三億人の中で、四〇歳代以下が六割、教育水準の高さもあって、質の良い労働力が見込まれている。

今回の安倍首相を出迎えた約九キロメートルに及ぶオープンカーパレードは、インドでも特別の賓客でない限りめったに行われないものだ。それはもちろん、お互いの友好を強調したものであるが、中国政府に対する牽制の意味も含まれている。同時にインド国民に向けて、日本が今インドにとって欠かせないパートナーであることを強調したものでもある。

中国は現在「真珠の首飾り」（この名称はアメリカが名付けたもので中国は正式に認めてはいないが）戦略として、パキスタンのグワダール港ほか、スリランカ（ハンバントータ港）、バングラデシュ（チッタゴン港）、ミャンマー（シットウェ港）などの港湾整備に積極的な支援を行い、そこに中国軍の足場を置くことで海上交通路を確保し、インド洋を事実上勢力下に置こうとしている。これに対してインドは海軍の増強と、日本、アメリカなどとの積極的な連携を指向している。安倍首相が二〇一六年八月、ケニアで開かれたアフリカ開発会議（ＴＩＣＡＤ）の基調演説で初めて打ち出した「自由で開かれたインド太平洋戦略」はこれに応えたものである。安倍首相はアジア・アフリカを「力や威圧と無縁で、自由と法の支配、市場経済を重んじる場」とすることを訴え、港湾建設などのインフラ整備と、安全保障政策をセットにした上で、中国の覇権主義に対抗しようとしている。

ただし、日本においては、国民レベルでは、日本とインドとの関係を強めようという動きはまだ十分高まってはいない。これはまず、メディアがインドの立場を丁寧に伝えないということがあり、またマスコミの一部には、安倍首相やモディ首相の思想をナショナリズムだとか右派的なものだとして、今の日印関係に批判的な傾向すらある。本来は、かつての日中友好条約や、ある時期の韓流ブームなどよりもはるかに日本にとって重要な国家間の連携なのだが、まだまだそれが認識されていないのが残念だ。政府間だけではなく、民間外交や芸術交流なども含めて、両国国民がもっと意識する必要があるはずだ。

残念ながら、日本の財界においては、インドへの誤解や偏見が最近まであったことも事実だ。「カースト制が残存し、近代的な経済交流が難しい」「連邦制で、地域によって習慣も文化も違い、自治意識も強く、国家間の合意がなかなか地域で反映されない」などという声を私はよく聞かされた。しかし、最も強いのは、もしインドとの交流を強めた場合、その復讐として中国市場から追い出されるのではないか、という声で、問題は、これまで中国に投資していた財界人が、このような過剰な反応を示す傾向があることである。

確かに、中国に進出している企業にとって、その市場を失うリスクは大きい。しかし、逆に言えば外国企業が出ていくことによる中国経済への打撃ははるかに大きいのであって、必要以上に日本企業が萎縮する必要は全くないはずだ。また、企業家の中には、やはり中国に対するある種の贖罪意識や文化的なコンプレックスを抱いているような人もいて、それが日本とインドの関係を深めることの障害となることもある。

しかし、企業家なら、次のことは忘れないでほしい。

インドは法治国家であり、一つ契約を結ぶ際も、インド人の性格もあってかなり緻密で、単語一つをとってもこだわることが多い。逆に言えば、一度サインしたものは、両者ともそれを履行する責任がある、という意識はインドでは大変強い。それは中国の、その場だけ話がまとまればよく、あとになって平気で契約を破ったり、些細なミスや行き違いで契約を無視することを正当化する姿勢よりも、はるかに正しい姿勢のはずだ。

中国の経済成長は、本書でも指摘したように、ある意味、日本をはじめ、アメリカや各国の支援の上に成り立ってきた。インドはそれと違い、民主主義の制度の中、下から自力で積み上げてきた成長である。もともとネルーの時代、インドは、ある種の社会主義的な経済政策を取ってきた。しかし、一九七七年に就任したバジパイ外相（のち首相）は、中国ほか外国を訪問し、経済政策を基本的に見直す必要があることを知り、自由主義的な改革を指向した。そして、この流れを大きく変え、定着させたのが、ラジブ・ガンディー首相の時代だ。彼は元パイロットでもあり、外国をよく知っていたこともあって、アメリカとの友好を強め、経済の自由主義化を決定付け、官僚主導のシステムの見直しと改革、科学技術の発展、工業、電気通信の改良に寄与した。民主主義の枠内で、国民合意を作りながら少しずつ政策を転換していったインドと、毛沢東、鄧小平、習近平といった独裁的な指導者による命令だけで外交・経済政策を決定してしまう国と、どちらが日本のパートナーにふさわしいかは分かるはずだ。

現在はその外交姿勢が弱腰だったと批判されているオバマ前アメリカ大統領も、二〇一〇年、インド国会で演説し、「今後数年間に、インドが国連安保理の常任理事国になることを含めた国連改革を楽しみにしている」と、インドの安保理入りを肯定的に語っている。実は中国ですら、インドの安保理参加を、少なくとも表面上は理解を示さざるを得ない状態にある。かつて日本がインド独立を支持したように、今再び、日本とインドが、アジアの自由と平和のための連携を作り出すべき時代が来ているのだ。

第八章　日本の難民問題と憲法改正

日本が抱える内的・外的危機

今、日本は、外的な脅威と国の内部問題（特に国民の精神）において、それぞれ大きな危機を迎えているように思える。まず、外的なことから言えば、誰の目にも明らかになってきたのは、北朝鮮、そしてこれまでの章でも述べてきたような中国の脅威と、アメリカの力の明らかな減退という状況だ。

二〇一七年一〇月から一一月にかけてのトランプ大統領のアジア歴訪は、事実上、アメリカが中国に取り込まれかねない形で終わった。大統領選中、トランプ大統領は中国のアメリカに対する貿易の不均衡のみならず、アジアにおける覇権を許さないとライオンのように吼《ほ》えていた。日本に着いたときはインド太平洋の安全保障と同盟国の重要性について触れ、まだライオンの威厳を保っていた。北朝鮮による拉致被害者家族と面会するなど、多少、同盟国日本に対しての気配りも見えた。

しかし、韓国に到着すると、まだ日本との間で未解決のままである竹島のエビ料理をためらいなく平らげ、慰安婦と称する女性とハグしたりして、日本での振る舞いから想像もできないタヌキぶりを披露した。このとき、日本ではトランプ大統領は、そこに慰安婦が出席することを知らなかったのだという趣旨の弁護論もあったようだが、首脳会談の場で誰が出席するかを大統領が全く知らないということなどあり得ない。もっとも、韓国国会におけるトランプ大統領は、北朝鮮の体制を明確に批判し、独裁によるさまざまな人権侵害を具体的に指摘するなど、自由民主主義の理念を保ってはいた。

しかし、北京に到着するや、中国側の、まさにかゆいところに手が届く国賓以上の待遇に、習近平の飼い猫のように変身した。結局、二八兆円の商談で上機嫌になり、今までのアメリカの崇高な理念や世界のリーダーとしての尊厳は、そこでの発言にはほとんど感じられなかった。

カーター大統領以来、アメリカの歴代大統領は中国を訪問するたびに中国国内の人権問題、チベット問題などについて改善を求め、アメリカが掲げる独立以来の価値観である自由と民主主義のチャンピオンとしての立場を堅持し、常に中国に対し攻める姿勢を保ってきた。私が弱腰と思っていたオバマ前大統領でさえも、このアメリカの基本路線を堅持していた。

しかし残念ながら今回トランプ大統領は、アメリカ自身の安全保障と国際社会における優位性に直結する、南シナ海における中国の人工島建設と軍備化に対しても、少なくとも表立った批判はなかった。それどころかマスコミに対し「あなたたちは私が中国を批判するだろうと思っているだろう。私がこの素晴らしい中国の人々を批判するはずがないではないか」と言い、また習近平に関しては「賢くて良い男」と言って持ち上げた。非公式の場では「聞くところによると習近平は毛沢東以上の力を持っている指導者である」とまで言って、まるで習近平による国内における民主化指導者たちの投獄と、言論や宗教に対する弾圧を黙認するかのような姿勢をうかがわせた。

トランプ大統領は、直近の北朝鮮問題に中国を協力させることと、アメリカへの投資、つまり狭い意味でのアメリカの国益のみを追求しているかに見えた。これがトランプの言っていた「アメリカファースト」であるならば、それは大統領の姿勢というよりも、ある種のビジネスマンのそれである。日本や韓国など同盟国を重視する一方、武器購入を推し進めたのも、これらの国々の安全保障や同盟関係を、アメリカでの経済効果の次元で考えているからではないかという疑問を持たざるを得なかった。

このようなトランプ大統領の朝令暮改は、アジアの多くの国のアメリカに対する疑心暗鬼を膨らませた。東南アジア諸国連合（ASEAN）の国々のように、中国へすり寄る態度が目立ってきている。今回のASEANサミットでも、今までのような中国による挑発的覇権行為に対し、それを批判する共同声明すらまとまらなかったことがその典型的な現れである。

私はその意味では、安倍首相がトランプ大統領との会談で、「自由で開かれたインド太平洋戦略」を日米両国で協力して行っていくことを堅持したのは、せめてもの外交的な踏ん張りだったと思う。トランプ外交が今後、中国に対し妥協的になっていく危険性が高まる中、安倍首相はアジアの自由と平和を日本こそがけん引するという姿勢を堅持してほしい。その意志を感じさせる首相の属する与党自民党が、二〇一七年の衆議院選挙で勝利したことは、日本のみならずアジアにとって望ましいことであった。

拉致事件は重大な国家主権侵害

核武装を推進し、日本海に向けてミサイル発射を繰り返す北朝鮮は、一九五〇年の朝鮮戦争以来の危機を半島と東アジアにもたらしている。そして韓国が、左派というより、明確な主張は反日だけのように思われる文在寅政権がますますレームダック化していく中、日本は拉致被害者の救出と、国の安全保障を真剣に考えなければならない。

北朝鮮による日本人拉致問題は、西村眞悟議員（当時）が国会で訴えた一九九七年二月以後、小泉首相が二〇〇二年九月に平壌を訪問するまでは、運動としては有志の範囲にとどまっていた。私はその時期、国会議員以上に、土屋敬之、古賀俊昭両氏のような地方議員が、署名活動や集会で必死の訴えを続けていたのを見てきたし、今も救出運動を持続している西岡力先生や荒木和博先生の良心を疑ったことはない。しかし、小泉訪朝以後、正直なことを言えば、それまで集会でお目にかかったこともないような国会議員が詰めかけるようになり、皆が胸に救出のシンボルであるブルーリボンをつけるようになって、少々複雑な思いに駆られたことがある。

運動というものは、最初の時期までは地道な啓蒙が必要で、あるきっかけで大きく一般に伝わるものだから、そのこと自体を否定しているのではない。だが、この拉致問題に関しては、それが広がるにつれ、いつの間にか、「家族をさらわれた気の毒な人たちの物語」にされてしまっていったように、失礼ながら感じてしまう。

もちろん、拉致問題は、何の罪もないのにさらわれて人生を滅茶苦茶にされてしまった被害者と、そして家族を奪われた被害者家族の人権・人道上の大きな問題であることは確かだ。日本政府は、いかなる手段を用いても、この同胞を救い出す義務があることも疑いを入れない。しかし同時に、これは人権・人道だけではなく、明確な国家主権の侵害であり、日本国の領土に外国の工作員が潜入し、国民を拉致するというテロ問題でもある。

北朝鮮の国家主権侵害を許してはならないのと同時に、このように簡単に自国民をさらわれてしまった日本国の側にも、何一つ責任がなかったとは言えない。もちろん、日本は島国で、これだけの長い海岸線を有しているから、全てを完全に防衛するのは難しい。しかし、それを守り抜く、少なくとも拉致被害者を出さないための手段を講じるのが主権国家の役割なのだから、日本国内でこのような工作活動を今後絶対にさせないために何をすべきなのかという議論（例えば、スパイ防止法などの法整備や、海岸の防衛システムの具体的な整備など）がなされなければ、単に北朝鮮が悪いと言いつのっても問題の解決にはならない。

そして、拉致を許せないこととするならば、現在、中国が行っている拉致事件に対しても同様の抗議をしなければ本当は不公正となる。中国は以前から、海外で民主化運動を行っている人たちを事実上「拉致」しており、また、中国国内で、日本人の企業家がしばしばスパイ容疑で捕らえられている。二〇一七年六月の段階で、一二人の日本人が拘束され、中国当局は「国家の安全を脅かす活動をした」「日本は最近、海外情報の収集に力を入れるため、政府内に新たな機関を設置。スパイ活動を行うチームを拡充させている」「日本からは当局だけでなく、民間商社の情報担当者も多く世界各地に派遣されている。企業活動を装ったスパイ行為も頻繁に行われている」と発表している。日本はこのような活動を否定しており、実際にはこれもまた「拉致事件」に等しい。もちろん、日本政府は中国と裏では彼らを解放するために交渉していると信じるが、もう少し公的な場でも明確に自国民の解放を求める必要があるはずだ。

そして中国は、インターポールの長官職をおさえたことによって、海外の、例えばウイグル人運動家の活動や国際会議などに対し圧力をかけるだけではなく、現在、政治活動をしているわけでもなく、普通の労働者、会社員として海外で働いているウイグル人まで、強制的に中国に戻そうとしている。このような国際的な中国の、ほとんどテロと言っていい行為に対し、自国民を拉致され、その救出を世界に訴えている日本国が、沈黙を守ることは許されないはずだ。

この北朝鮮による拉致事件が国家主権の侵害だという視点に立てば、被害者を助け出すには、それこそその居場所を突き止めて国家として軍事的な行動に出るか、それが難しいのならば、国家間での具体的な取り組みを行っていくしかないことが分かるはずだ。その場合は、北朝鮮と国交のある国々、例えばモンゴルなどを仲介役として使うなどの手段もあるはずだ。事実、そのモンゴルで、横田さんご夫妻はお孫さんのヘギョンさんとその夫に会うこともできた。私は正直、そのような地道な外交交渉や、あるいは情報収集を行うのが政治家と国家の役割だと思う。

北朝鮮からの難民対策

その北朝鮮から、二〇一七年末、何隻もの漁船が漂流・漂着してきている。その背景はさまざまなものがあるだろうが、北朝鮮危機の際に、難民が日本にやってくる可能性は高い。そして今後、仮に中国国内で大きな混乱が発生し、経済的、政治的危機が生じたときは、さらに多くの難民が押し寄せてくる可能性がある。

そのときの問題として、麻生太郎氏が、二〇一七年九月、武装難民の問題に言及した。「警察で対応できるか。自衛隊、防衛出動か。じゃあ射殺か。真剣に考えた方がいい」これに対しては、難民を受け入れるべきだとする立場の人たちから、さまざまな抗議の声があがった。また一方で、武装難民はテロリストだし、治安上当然の発言だという声も、主としてネットなどで見られた。しかし、これらのいずれの発言も、麻生氏のものを含め、私には「難民」というものを理解していないとしか思えなかった。

私自身、チベットからインドに向かうときは難民だった。まだ少年だった私はともかく、一行の大人たちは、乏しいものではあったが確実に「武装」していた。自分たちは中国軍と戦いつつ逃れているのだから、当然のことである。そして、インドが私たちを受け入れてくれた段階で、私たちは武装解除され、難民キャンプに落ち着くことになった。

北朝鮮危機がどのような形で訪れるかは分からないが、仮に戦争、もしくは、北朝鮮国内で政治的混乱が起きて難民が押し寄せることになれば、彼らは武器を持っている可能性は十分にある。武器だけではない。感染症を患っている可能性もあれば、北朝鮮で蔓延しているとされる麻薬や偽ドルを持っている可能性もあるかもしれない。この一二月、島に流れ着いた北朝鮮の漁民は、そこにあったソーラーパネル他、日本人漁民が備蓄していた多くの備品を持ち去ろうとしたように、北朝鮮から逃れてくるときに、何らかの略奪品を持ってくる可能性も十分にあるだろう。そして、妊婦や、傷ついた難民もまた入ってくるかもしれないし、中には緊急治療を必要とする者もいるだろう。

私も難民であったから、基本的に、難民を助け、受け入れるべきだとする意見はありがたく思う。しかし、現実の難民というのはどのような存在で、受け入れるためにはどういう準備と心構えが必要なのか、正直、あまり理解しているとは思えない発言も多い。今の日本では、難民を多数受け入れるとなれば、決して経済が回復しているとは言えない状態の中、国民がそれなりの犠牲を払い、税金も使い、そしてさまざまなマンパワーを投入して、難民の受け入れ態勢を作らなければならない。

まず、少し考えただけでも、武装解除や身体検査をするためには、自衛隊や海上保安庁、警察の力を動員することになるし、その際、通訳、医師、看護婦、そして病院施設も必要となる。難民を収容する施設も作らなければならないし、その施設を管理し、施設内で暴力沙汰や事件が起こらないよう監督することも必要だ。

また、一九五九年から、北朝鮮に帰国事業で渡っていった在日朝鮮人、その人たちと結婚した日本人妻、その子供たちをどう遇するかという問題もある。さらには、難民に交じって拉致被害者やその子孫だと名乗る人がいた場合どう調査するか、もっと悪いケースを考えれば、中国に住む朝鮮族が「偽装難民」として入ってきた場合、その人たちをどう峻別するかという問題も生じる。このような問題についてのきちんとした初動態勢を作ることができていなければ、いざ難民が来た場合に、ただ右往左往したり、現場で事故が起きる危険も避けられない。

このような事態に備えるためには、何よりも、国家の治安を守り、難民をきちんと管理できるような組織、直接的に言えば強力な警察組織も治安体制も必要なのだ。難民を受け入れよと言っている人たちの中に、しばしば、国家が国民を監視することに反対したり、個人のプライバシーや自由を法秩序よりも優先させるべきであるかのような言説を述べる人がいるのを見ると、私はその発想では、難民の受け入れはとても不可能であると申し上げておきたいと思う。

私たちチベット難民は、ダライ・ラマ法王という、精神的、道徳的な権威がいらっしゃることで、かろうじて難民全体の統率が取れていた。しかし本来難民とは、生きのびるためにあらゆる手段を取り、しかも自分たちを襲う敵に対してだけではなく、難民内部でも暴力沙汰（私は、中国に通じていたとして、あるチベット人が同胞によって殺されたことを知っている。極限状態ではそのようなことはいくらでも起きる）を起こし、女性、子供など弱い立場の人が傷ついたり、財産を奪い合うような事態が簡単に起きるのだということは、理解しておいた方がいいだろうと思う。その被害は、難民をきちんと管理、監視しない限り、受け入れた当事国の国民にも及ぶ可能性があるのだ。

日本は難民をどう受け入れるべきなのか

以上のことは最初期の問題である。続いて、現実にこの国に難民を受け入れ、定着させる場合は、さらなる努力が長期間にわたって必要になる。私の個人的体験を書いた第一章を見てほしい。私たちは、チベットを理解し、経済的支援もためらわない支援者の温かいもてなしを受け、他の難民がうらやむほどの、住居も、食事も、学校教育の場さえ与えられた。しかし私たちは、善意で出してくれた一杯のお茶から、お祝いのためのおせち料理に至るまで、文化の違いから、まるで差別されたかのように誤解したのだ。

難民とは単に国を追われた気の毒な人たちではない。難民とは、生まれた国では自分自身のアイデンティティと文化、そして個人としての誇りを持って生きていくことができずに、その国を脱出した人々であって、もし第三国が受け入れてくれたとしても、それを保つことができなければ、決してその国に定着することはできない。

私たちは恵まれていたが、日本と自分たちの文化との違いを理解し、日本語の細かいニュアンス（今でも一〇〇％それが分かるとは言えないかもしれないが）を知り、その中で、チベット人としてのアイデンティティを保ちながら生きていくことができるようになるまで、かなりの時間を必要とした。それは難民にとってどんなに大変なことかを、受け入れる側の国も理解しなければ、対立や衝突が起きかねない。その結果、当初は善意で難民受け入れを主張した国や個人が、誤解や衝突から激しい排外主義に陥ることは、今の世界でいくらでも起きうることだ。

難民に、受け入れ国の文化をただ強制するだけ、というようなことはやるべきではない。しかし、難民が自分たちの価値観だけを維持し、受け入れてくれた国の文化も習慣も理解せず、最悪の場合は法律も無視して、異民族の集団を作ってしまっては、犯罪の温床ともなりかねない。だからこそ、彼らのアイデンティティを尊重しながら、日本社会の中に軟着陸させるためのシステム、言語教育、社会教育、そして就職のための支援体制などを社会が準備する、そこまで覚悟しない限り、難民を安易に受け入れることは、お互いの不幸にしかならない。

国際条約で定められた難民の定義は「人種、宗教、国籍もしくは特定の社会的集団の構成員であることまたは政治的意見を理由に迫害を受けるおそれがあるという十分に理由のある恐怖を有するために、国籍国の外にいる者であって、その国籍国の保護を受けられない者またはそのような恐怖を有するためにその国籍国の保護を受けることを望まない者」である。しかし、各地域が危機に陥ったときに、このような純粋な定義に基づいた人たちだけが難民としてやってくるわけではない。例えば中東でシリア内戦などの結果、欧州を訪れた難民の中には、事実上、移民というべき立場の人たちが多く含まれていた。

この事態を、『難民問題』(中公新書)の著者、墓田桂《はかたけい》氏は「混合移動」と名付け、次のように分析している。

「難民性の高いものに交じって稼働目的で移動する者も少なくない。また、トルコで迫害を受けているわけでもないのにこの国を離れ、EUにわたるシリアの人々がいる。その人たちはEUに渡る時点で『移民性』を強くする。つまり、同一人物で移民性と難民性を併せ持つ」

墓田氏によれば、内戦状態が続くシリアからの難民は受け入れられる可能性が高いため、シリア出身とする偽造パスポートで移動するものも現れたという。いや、日本の歴史においても、難民、移民は実際の民族体験としてあった。戦前、満洲や南米にたくさんの人が渡っていった。あれは移民であり、ソ連が中立条約を破って満洲に侵攻し、民間人が虐殺や強奪、また女性が強姦などの悲劇に遭い、引き揚げ船で日本を目指した、あの事態は日本現代史における難民の悲劇だ。そして今、一部の企業では、難民を安い賃金で雇うようなことをほのめかしているところもあるが、それは難民救済などではなく、ただ難民を利用したいだけのことである。

難民に対して、私たちが絶対忘れてはならないのは、彼らは、自分たちの信仰と尊厳だけは絶対に捨てられないことだ。私たちチベット人は、チベット仏教を捨ててまで生きのびることはできない。それは命よりも大切なアイデンティティなのだ。同じくウイグル人だったら、おそらく、イスラム教を捨ててまで生きのびることは意味がないと考えるはずだ。この、命以上の価値を守るために故郷を捨ててきたのだということ、それは難民問題を考える上で絶対に受け入れ側が忘れてはならないことだ。ウイグル人は、豚肉を食べることはできない。それは、いかに日本人には理解しにくくても、彼らの尊厳と価値観に関わる重大な問題だから、簡単に譲ることはできない。

人間一人ひとりにも個性があるように、民族にも個性がある。それを尊重しなければ、たとえ善意で難民を救ったつもりでも、必ずトラブルが生じることになる。イスラム難民の人たちに、この人たちは飢えているだろうからといって豚肉を与えることは、彼らにとっては侮辱されたのと同じである。難民問題はこのようにデリケートなものであることを、日本人はよく理解してから取り組まなければいけない。安易な善意や、安い労働力だからと難民を受け入れれば、将来的に、国内に大きな民族問題を作り出すことにもなりかねないことをよく自覚してほしい。

憲法改正の前に国民の意識改革を

同時に、北朝鮮危機が迫る中、すでに政治プログラムとして待てない問題として、憲法改正、特に安全保障面における憲法九条改正の問題が出てきている。この面で、安倍首相が、戦後レジームからの脱却という政治信念に基づき、九条改正に向けてさまざまな活動をしていることは評価できることだと思う。ただ、国防というのは、この憲法の文章を変えたからといって、それで解決するという問題ではない。

まず、迂遠な話のように聞こえるかもしれないが、日本国が、守るに値する国だという意識を国民が持たなければ、憲法改正どころか、たとえ核ミサイルを配備して重武装を行ったとしても、決して国が強くなることはない。国が強くなるということは、まず国民全体が、障害のある人や社会的な弱者も含めて、社会に貢献する意志を持つということだ。そのためには、少なくとも法律をきちんと守って生きていけば、衣食住を保障されるという、かつて日本ではその価値が認められていた福祉国家的なシステムが、「国防」のためにも必要だ。

その意味で、現在、医療費も高騰し、年金システムが国民から信用を失い、社会の中でさまざまな格差が生じ、敬老精神が衰え、何か高齢者が社会の中で疎外されているような状態は、早急な解決が大切だ。人間同士も、国家間も、約束を守ることが必要であるように、この国に長年尽くし義務を果たしてきた高齢者が、胸を張って、晩年を生活できるような体制を国家が保証するのは当然で、そのような国だからこそ、若者も、壮年世代も、この国と社会を守ろうという意識が生まれる。この問題を無視して、単に憲法と軍備だけで国を守ろうという姿勢は、決して成功するものではない。それは、北朝鮮や中国の現状を見れば分かることで、軍事力はあっても、あの国の国民は決して幸福ではなく、それが根本的な弱点となっているのだ。

国を守る力、防衛力というものは、軍事力のみならず、外交力、政治力、そして健全な世論、そのようなもの全ての総合力を指す。それは国民と政治家全ての力量の総合体のようなものだから、九条の条文を変えたからと言って、それだけで日本国が強くなるというわけではなく、意識改革が何よりも必要となる。

憲法をなぜ変えなければならないのか、それは単に日本国一国の問題なのか、国際社会の中でどう位置付けられるのか、国民はなぜそのような意識を持たなければならないのか、そのような議論があって初めて憲法改正は意味を持つ。

例えば、自衛隊を事実上、日本の国防軍、そして国際貢献のための軍隊に法的に位置付けるとする。そのときには「軍人精神」というものが絶対に必要になる。それは自衛隊だけの側ではなく、私たちの軍人に対する敬意、軍人の家族が持つべき覚悟、そして誇りに至るまで、精神の在り方が問われていく。それはもちろん、単に精神論だけで済む問題ではなく、自衛隊の幹部が、定年になったのち、そこでの知識や経験をもっと生かせるような仕事に就けるシステムなどを考える必要もある。

本質を無視する国会の議論、メディアの報道

また、日本の国民が、現実に北朝鮮の拉致事件や、今後予想される中国の脅威に備えるために、現在よりも巨大な軍備を持つことに反対するのならば、そのときは、国民自身が、国を守るために最低限の知識や経験を持つことが絶対に必要となる。スイスの民間防衛のような考え方を参考に、法制度を整えて、公的な建築物としてシェルターを都市に作り、国民が最低限の武器に対する知識を持ち、国民自身が国防の義務を果たすことが必要になるだろう。

いまだに、外国の軍隊が侵略してきても、白旗を挙げればいい、占領されても平和が守られればいいという類の議論をする人がいるようだが、それは日本が、アメリカによる占領以外に、他民族に占領支配された経験がないから言えることだ。占領した相手が、知性と法律をもって支配してくれる保証などどこにもなく、私がチベットで体験してきたように、二級市民として扱われ、何の権利もない状態に置かれることがいかに悲惨であるかを考えれば、そのようなことを軽々しく言えるものではない。

そして、日本の選挙では、外交や防衛というテーマが必ずしも選挙における得票につながらないという残念な現実がある。このことも変えていかなければ、真の意味での国防体制は作れない。

二〇一七年一〇月の衆議院選挙にて、安倍首相は「国難突破」というスローガンを掲げたが、その自民党自身も、何が国難であり、なぜ憲法を改正しなければならないのか、北朝鮮危機や、中国の覇権主義について全面的に選挙のテーマにするような勇気ある姿勢はほとんど見られなかった。ワイドショーは、議員の不倫か、あるいは森友学園、加計学園の問題、そしてそれ以前は、稲田防衛相在任時に中東における防衛日誌が一部紛失したのではないかなど、私からすれば、本質的とはとても思えない問題の議論に終始し、国家をどう守るべきかというテーマはほとんど論じられなかった。

まず私が危険だと思ったのは、内部告発というものが絶対の正義であり、正しい情報であるという前提で語られる傾向があったことだ。さらには、全てにおいて透明性が、何の疑いもなく要求されていた。

確かに、法治国家において透明性は大切だ。しかし、国家の安全保障の面において、また、国際関係において、透明にできないこともある。スーダン国連平和維持活動（ＰＫＯ）の日報で一部「廃棄済み」とされていたものが再び発見され、そのデータの非公開を防衛省上層部が決定していた問題で、最も気になったのは、このような日報を「再発見」し、外部に出そうとしたのは誰なのかということだった。稲田朋美氏が防衛大臣としては経験不足であったことは事実だし、事件への対応も問題があったかもしれない。しかし、このような、安全保障上の重要な問題、しかも、防衛省内部でも非公開にすることが決定されたものがなぜ表に出たのか、そこには何らかの政治的意志が働いていなかったのか、そちらも報道関係は追及すべきだったはずだ。

また、森友学園や加計学園についても、私はその内情についてよりも、文部官僚の前川氏の内部告発を全面的に評価し、信頼する姿勢にどうしても疑問を感じた。決して、不正や疑問があっても隠すべきだというのではない。疑問があれば内部でそれを糺《ただ》し、それが納得がいかなければ、調査機関に情報を提供し、捜査を頼むというのなら理解できるが、その手続きを十分に取ることなく、マスコミにまず出すというやり方、そしてそれを単なる特ダネとして発表し、この問題が、現在の日本の外交、内政上、どのレベルで重要なのかということを判断せずに、国防や安全保障、そして国際的なさまざまな事件よりも時間を割いて報道する姿勢は理解に苦しむ。結果として、日本国民に世界の真実の姿を知らせないことにつながるのではないか。また国会も、問題の軽重を取り違え、国が今真っ先に取り組むべきことを討議せずに、時間を浪費しているようにしか見えない。この状態は、本稿を執筆している二〇一七年末の段階で、本質的には変わっていない。

それに対し、安倍首相は、さまざまな限界はあるものの、何とかして、戦後レジームからの脱却を図り、日本が国際社会で役割を果たすための環境整備をしようとしていた。しかし、車輪が動かないと、どんなに馬が引っ張っても馬車は動かない、ということわざがあるように、リーダーだけが頑張っても、政治が前に進むことは難しい。政治的に異なる意見はいろいろあっても、国民全体、政党全体が、国にとって一番重要な政治課題は何か、どの方向に日本が向かうべきかを判断する基準を持つ必要がある。

日本の選挙においては、リーダーのカリスマ性、政治の本質とは異なる話題性、タレント性などをマスコミが大々的に取り上げて、しばしば政治の潮流を作り出してしまう傾向がある。その時々の「風」と言われるあやふやなムードに左右されてしまうのである。マスコミにも問題があり、特定の、その時点でマスコミが注目する政治家の動向が主に報道され、政策の具体的な比較や、国民への正しい情報提供などは行われない。今回、最初に小池百合子氏が新党を作り、民進党のかなりの部分が合流したときはマスコミは小池新党をさかんに取り上げたが、小池氏が「排除」という言葉で、改憲色を明確にしたあとは、枝野氏の立憲民主党を持ち上げる傾向があったように見える。しかしいずれも、急ごしらえの政党で、具体的な政策が十分に打ち出されていたわけではなかった。

そして、政党は、その政策に合理性があるだけではなく、その政策を実行できる力があるかどうかが問われなければならない。そのあたりを丁寧に分析し、選挙民に投票への参考情報として、これまでの各議員の政策立案能力、実行能力を伝えることこそ、メディアの使命であるはずだ。

さらには、その政策が、現在の問題だけを論じているものか、二〇年後、五〇年後の世界を、より良いものに作り替えていくことにどうつながっていくのか。本当の政治家ならば、未来に向けての理想も政策に含まれていなければならない。今の問題を解決するためには正しい政策でも、それが将来的に、この国を誤らせたり、歴史の進む道をゆがめてしまうようなものであるときは、選択してはならない場合もあるのだ。

政治家の第一の責任は「国と国民を守り、幸せにすること」

憲法九条を改正し、自衛隊が国を守るための軍隊となる、ということは、日本軍は、場合よっては命を懸けてもこの国の主権と国民の生命を守らなければならないときが来ることになる。いや、それは現実の問題としては、東日本大震災のとき、自衛隊も、原子力発電所の現場の人たちもそのように行動していたはずだ。これまで、政治家はしばしば、「自分の生命をかけて行動します」という言葉を発してきたが、私は正直なところ、そのような言葉を本気で信じたことはない。

私が来日する前、一九六〇年の日米安保の時代には、もしかしたらそのような状況があったかもしれない。当時は、日本がアメリカと共に西側世界に位置し、一定の役割を果たしつつ国際社会で生きていくことを決断しなければならない時代だった。岸内閣はそれを推進すべきだという立場だったが、野党はその方向には断固反対だった。そして安保体制反対を叫ぶ学生運動のデモが国会を取り巻いた。岸首相はそのとき、自分には「声なき声が聞こえる」と発言した。これは、自分なりに戦後の日本の歴史に責任を持ち、さまざまな意見の中、この方向性しか日本を守る道はないと判断したが、それを裁くのは今反対運動をしている人たちではなく、未来の歴史であるという決意だったはずだ。そして一方では、「アメリカ帝国主義は日中両国民共通の敵だ」と主張し、安保体制に断固反対した浅沼稲次郎氏が、山口二矢《おとや》氏の刃《やいば》に斃《たお》れた。東京大学の学生、樺《かんば》美智子氏もデモの中で事故死した。この時代は確かに、政治に生命をかけるような状態があったのかもしれない。しかし、私が来日して以後、失礼ながら、日本で、政治的意見の表明に自分の命を懸けなければならないような状況は、少なくとも私の知る限りはない。せいぜい存在するのは、次の選挙で落選するかしないかの危険だけで、それは確かに政治家個人にとっては重要なことだろうが、国全体の運命に直接関わるわけではない。それどころか、ハチが花から花へと蜜を求めるかのように、自分の議席とバッジを守るだけのために、これまで属していた政党を捨て、違う政党に移る政治家すら見受けられる。

　しかし、憲法が改正され、日本がより世界に対し積極的に関わっていくような時代になれば、再び、日本の政治家も生命をかけるような覚悟が必要とされる時代がやってくる。中国の覇権主義に対し、本当に日本国を守り、同時に、中国が国内で行っている人権弾圧をやめさせようと思えば、一時的に経済的に不利になろうと、そのような問題がなかなか国民やマスコミに理解されなくても、アジアの諸国、諸民族と連帯して戦わなければならないときも来る。そのときに、政治家は、自分でなければ成し遂げられない、世界に対し訴えたい理想というものがなければ、持ちこたえられるものではない。

個々の政策においては、妥協も、時として一歩後退し、将来的に二歩前進を目指さなければならないようなときもある。しかし、それはあくまで、自分の理想を実現するためであり、妥協そのものが目的になってはならない。

その意味で、政党も、選挙があるたびに、根本的な自分たちの立党精神などを簡単に変えるべきではない。それを安易に変えてしまっては、それまで訴えてきたことは全て嘘となり、政党を支持してきた人たちへの背信行為となる。政治家のまず第一の責任は、日本国及び日本国民を守り、そして幸せにすること。しかし、今の世の中は日本だけでは生きていけない、そこで初めて、国際社会を意識することになる。このような視点に政治家が立ち、その姿勢を、報道機関も、また国民も認めるような状況が生まれない限り、憲法の文章だけを改正しても、おそらく国防の体制は整うことはないだろう。

日本は中国包囲網の中心となれ

最後に、あくまで私個人の意見として、将来の日本の国防、外交について述べておく。この章の冒頭で触れたように、最大の同盟国だったアメリカが、すでに、どこまで頼れる国であるかが分からなくなってきている。そのときには、これまでも触れたようにインドなど、さらなる大国、しかも核保有国を味方につける戦略はこれからますます重要になってくる。今すぐ日本が核武装することには、まだ国民の間で議論が必要かもしれないが、北朝鮮の現状、中国の現状を見れば、これまでの非核三原則を、せめて「持ち込ませない」という一点においては、修正せざるを得ない状況になってきている。

外交も、防衛も、日本単独でできる時代ではない以上、合気道と同じように、相手の力をうまく活用することは大切だ。その意味で、中国の脅威にさらされている東南アジア諸国、ベトナム、フィリピン、台湾、タイ、インドネシア、ミャンマーなどの国々と、経済だけではなく行動を共にする国として連帯していかなければならないし、日本がその意志を明確に示せば、アジア諸国は力しか信じない中国政府よりも、はるかに日本を力強い味方とみなすだろう。その上で、日本はアメリカ国内の、中国と対峙しようとするさまざまな政治家、言論人と結びついていけば、アメリカの姿勢も変わっていくはずだ。

かつて西側諸国は、特にアメリカを中心に、ソ連に対しさまざまな圧力をかけ、ソ連・東欧の民主化勢力を支援して解体に追い込むことができた。日本が国家意志としてそれを持ち、アジア諸国、そしてアメリカをその輪の中に入れていけば、それは決して不可能な道のりではない。それこそが、日本、そしてインドという、アジアの二大民主主義国家の、ある意味、歴史的使命ではないかとすら思える。

第九章　「おかげさま」の復興へ

伝統的価値観の崩壊による精神の空白

私は前章で、今、日本を外部から襲う危機について話してきた。最終章となる本章では、日本に迫っている精神面、内面の危機と、そこからどう脱出するかについて述べていきたい。

まず私自身、チベット仏教徒として思うのが、日本における信仰の変貌である。

私が最初に来日したときに、日本人にその信仰について聞くと、しばしば返ってきた答えが、私の家は仏教の何々宗、例えば浄土真宗とか真言宗とかだが、自分自身は特に信仰を持ってはいないよ、というものだった。

これには正直、私は驚かされた。当時の私には、この言葉は「私には信じるものはない」と言っているのと同じように聞こえた。それは同時に「私には恐ろしいものはない」「私は完全無欠である」という傲慢な言葉ではないかとすら思ったほどだった。

信仰とは私にとって、自分を超えた価値、自分が生きていく上での指針となるべき道徳や規律、そして信念につながっていくものだったのに、特に深刻な問題ではないようにあっさりと、自分には信仰はない、と言い切ってしまう。そのくせ、受験前には神頼みをしたり、自動車を買えば、交通安全の御札をもらう。最初のうち、私はそれが理解できなかった。

しかし、現実の日本社会、少なくとも私が来日した一九六〇年代においては、公共の利益を個人の利益よりも優先する「公共心」、仕事をする上での「協調性」、他人に迷惑をかけない、自分の上司や先輩に恥をかかせないという「道徳心」、会社であれ学校であれ自分の属する組織を愛し大切にする「帰属性」と「共同体の重視」、教育の普及による「知識の平等性」、そして〝義理人情〟という言葉や年末になると必ず上映されていた『忠臣蔵』などに代表される人間同士の絆を大切にする「同胞意識」、これらの全ての上に成り立っている個人と社会における「礼節の確立」など、信仰を持たない人間の社会どころか、仏教の理想が人々にいきわたっているようにも感じられた。

後に私が、ルース・ベネディクトの『菊と刀』をはじめとする、いくつもの優れた日本人論を読みながら再認識したのだが、これらの価値観は、やはり日本の伝統精神に深く根差していたものだと考えられる。しかし、私が「信じるものはない」と言われたときに感じたあの恐怖感や違和感もまた、全く間違った感想でもなかったように、最近の日本を見るたびに思うのだ。

私が、まさに美しい礼節と道徳の共同体のように思えた六〇年代日本は、あえて「信仰」「宗教」という言葉を使う必要のない、日本古来の伝統的な教えである神道と、それに基づく共同体がまだ生き続けていた。おそらく私が青年時代を送った埼玉の毛呂山町では、それはまだ純粋な形で残されていたのだろう。しかし、そのような共同体は、大東亜戦争敗戦後、占領下で進んだある種のアメリカ的改革によって、深く傷つき、解体されていった伝統社会の、最後に残った姿だったのではないだろうか。

おそらく戦前・戦中の日本までは、信仰を問われたときに、「神道」もしくは「日本の伝統を信じる」という答えがそこに残されていた。仏教やキリスト教は、その伝統に沿った形で受け入れられていたし、その範囲では日本は寛容に各宗教の美点を素直に認めていた。同時に、日本の伝統にそぐわない部分、衝突する部分に対しては、それに真摯に立ち向かうか、もしくはそっと遠ざける形で、少なくとも、安易に日本に受け入れることはなかった。これは信仰に限らない。全ての外来文化に対し、日本がとってきた態度だったはずだ。

しかし、大東亜戦争の敗北によって、真っ先に傷ついたのは、私はこの日本の伝統精神と、外来文化の受容の仕方だったと、今にして思う。先に述べたような公共心、道徳、協調性などは、全て、「個性尊重」「個人の権利」そして、本書の前半部でも述べた「国際化」の掛け声の中で否定されていった。一九七〇年代に、日本が一定の経済成長を成し得る前までは保たれていたこれらの価値観は、近代化と生活の向上という目的を達成したのちは、音を立てて崩れていった。私はその有様も、多少目の当たりにしてきたことは、本書の前半部で書かせていただいた。そしてこの崩壊過程にあった七〇年代以後、さまざまな新興宗教と言われる宗教団体が活発に信者を増やし始めてきたことと、伝統的価値観の崩壊による精神の空白は、決して無縁ではないと思う。

宗教を遠ざけた戦後日本

戦後日本は、宗教を教育の場、政治の場からひたすら遠ざけ、排除しようとしてきた。神道においても「国家神道」という概念を疑うことなく悪いものとみなし、日本が西欧諸国と戦うために、精神的な支柱が必要だったという歴史的意義をきちんと考えることなく、靖國神社をはじめとする神社の歴史的意義を子孫に引き継ぐことを十分にしてこなかった。学校でも、道徳教育すら次第に否定され、宗教を授業に持ち込むなどもってのほかとなり、生徒たちを神社に参拝させることはもちろん、給食のときに「いただきます」という挨拶を指導することすら批判するような、極端な言説がまかり通るようになった。

しかし、人間には、水や食べ物がなければ生きていけないように、信仰や道徳、少なくともそのような価値観が存在することを教えなければ、精神が飢えて貧しくなってしまう。もしそれを否定して、人間は、社会の法律を最低限守っていけば、あとは自分の好きなことをしていけばよいのだということしか教えられなくなったら、それが行きつくところは欲望だけの人間である。

これまでの人類の歴史の中で信仰されてきた伝統信仰をきちんと学び、また、日本の歴史に根差した神道も、日本仏教も学んだ上で、やはり信仰を否定する、というものであるなら、それは一つの選択だと思うが、そうではなくて、単に戦後の空気に乗っただけの否定であるならば、それは大変貧しいものしか生まないはずだ。

戦後日本では、信仰を持つことや、何らかの宗教に入信することが、何か偏った立場に立つことのように思われてしまう傾向があった。しかし、考えてもみてほしい。本当は日本人は、物質を超えた精神的なもの、さらには信仰に深い関心を持った民族だったはずだ。日本の文学や芸術では、仏教の無常観、神道の人間と自然との関わりが常に表現を規定してきた。そして、芸能や武術においても「道」という、単なる技術ではない価値観を尊ぶべきだという姿勢が貫かれている。

明治時代に、日本の知識人たちが西欧のキリスト教的価値観や、近代科学に直面したとき、まず彼らが立ち返ろうとしたのは、伝統的なモラルである武士道道徳だった。このことを忘れて、日本の歴史や精神を語ることはできないだろう。ガンディーの言葉で「宗教のない人間には道徳はない、道徳のない人間は動物化してしまう、そしてそれによって弱肉強食の社会を生む」というものがある。日本がそこまで成り下がっているとは言わないが、時々、社会的に弱者の人を平気で見下げたり、人間の価値を財産や社会的に成功したか否かで測ったり、競争社会を全面的に正当化するような言説を聞くと、動物の社会の弱肉強食の論理が、この国には無信仰と共に忍び寄っているのではないかとすら感じる。

しかし同時に、ここで認めておかなければならないのは、既成の宗教の側が、現代の社会で人々が求めているものに十分応えていないという現実である。

今の日本には、文化庁の発表によれば、平成二八年度の段階で約一八万の宗教法人が登録されている。これら法人は、神社、寺院、教会などのように礼拝の施設を備える「単位宗教法人」と、宗派、教派、教団のように神社、寺院、教会などを傘下に持つ「包括宗教法人」に分類される。要するに、日本ではそれだけ多くの宗教施設が存在するのだ。本来ならば、日本人と宗教はもっと深い関わりを持っても全くおかしくないはずだ。

だが、現実は、多くのお寺や神社が、宗教施設ではなく、学問や観光の対象となってしまっている。私は外国から知人が来日したときに、京都や奈良の有名なお寺や神社に案内したことが何度もあるが、そこに修学旅行生たちがたむろしているのを見ると、彼らは一概に「日本人は何と信仰心が強い。若い人たちもたくさん『巡礼』している」と驚嘆することがしばしばだった。しかし、私は正直に「あれは巡礼ではないのです」と教えるようにしている。

修学旅行の子供たちに対して、先生や、またガイドの人が教えているのは、ここに祀られている仏や神様の教えではない。何世紀の何時代に、誰によってこのお寺が建てられたか、仏像が作られたかという「知識」を伝えているに過ぎない。その意味で「世界遺産」や「文化財」などという称号も、そのお寺や仏像を、信仰ではなく文化や過去の遺産としてしか受け取れなくしてしまうのならば、逆に有害なものとなってしまう。生徒たちも、また、観光客として訪れている大人たちも、今自分たちが精神的なものに触れている、巡礼、祈りの場に来ているのだという意識を持っているとは思えない。

どんどん魅力を失っている既存宗教

京都や奈良のお寺にせよ、いや、全国の伝統的な寺や神社は皆そうだったはずだが、そこはもともと祈りの場であり、その時代時代の人たちが、自分の悩みに向き合い、信仰によってその悩みを解決しようとした場でもあった。これは現代でもそうであるべきで、一つの問題としては、既成宗教家が、今の社会で悩んでいる人たちに向き合う者として機能していないところにある。なぜローマ法王やダライ・ラマ法王が、信仰や国境の枠を超えて、世界中の人々に影響を与えているかと言えば、それは自分の確かな信仰と、自らの位置する伝統に基づいて、世界のさまざまな諸問題に対し、はっきりとした見解を述べ続けておられるからだ。この姿勢は、何よりも宗教家に大切なもので、それが悩みを持つ人々への励ましとなる。

私は仏教徒なので、やはりお寺の問題が最初に目につくのだが、立派なお坊さんがいることは知った上で、やはりお寺が入場料、拝観料を取ったり、あるいは、午前九時から午後五時までしか入ることができないなどは、宗教施設としてはおかしいだろうと思う。

そして最近では、お坊さんが葬儀で初七日と四十九日を一緒に行うとか「繰り上げ法要」などといって、法要をどんどん簡略化してしまう傾向がある。いかに現代社会が忙しくなったといっても、ここは絶対に妥協してはならないことなのだ。逆に遺族の方々がそのようなことを望んだ場合、お坊さんが自分の信仰にかけて、そもそも供養というものは何なのか、葬儀とは何のためにやるのかを説明しなければならないところだ。

私はお坊さんではないからここで仏教について詳しく語ることはできないが、「初七日ではまだ魂が成仏していない。四十九日法要が終わるまでを忌中といい、遺族は魂が極楽に行けるようにお祈りをするための期間であるから、この二つを一緒に行うことはできない」ということをきちんと教えなければならない。お坊さんは、遺族に呼ばれて仏教の信仰と経典の教えに基づいて葬儀を執り行う以上、経典を唱えるお坊さん自身がそれを信じなければ、葬儀そのものが意味がなくなってしまう。

日本の仏教は、時々「葬式仏教」と言われることがあるが、人間の死とはその人の人生において最も荘厳で、その魂が転生するときなのだから、それをきちんと仏教の教えに従って執り行うことは宗教儀式として最も大切である。問題なのは、葬式までもが、仏教の教えに従って執り行われないことが増えてきたことなのだ。

これはキリスト教でも、時々おかしいと思うことがある。私がこだわり過ぎるのかもしれないが、教会での結婚式において、キリスト教徒でもない人に神父や牧師が聖書をかざし、宣誓をさせるというのも不思議なことではないか。日本の仏教が葬式仏教だというなら、キリスト教も結婚宗教、もっと悪く言えばある種の商売のようなものだ。聖書には、エルサレムの神殿でお店などを出していた商人たちを、イエスが、ここはそのようなことをする場ではないと、怒って懲らしめる場面があるが、聖書を信じているはずの牧師や神父が、教会で商売をしていいのだろうか。

本来、お寺とは「寄進」によって成り立つものだった。人々は、自分たちの精神面を支えてもらう存在として、お寺とお坊さんを経済的に支え、お坊さんたちは、日常の生活の全てを修行と経典を学ぶことに捧げることで、精神的に高い境地を目指し、人々の幸福を祈り、人々の悩みや社会の矛盾に対し答える。時には、食べ物がない人がお寺に行けば、そこにいる人々が施しを与える、そのような関係が本来の在り方だった。しかし、現代社会の仕組みと法律の中では、お寺もお坊さんも「宗教法人」として存在するしかない。それによって、個々のお坊さんや宗教家の中には真剣に祈り、人々の悩みに応えようとする人がいても、法人化される中で、お寺もお坊さんもある種「職業」とされてしまったところがある。これは、かつて「聖職者」と言われていた学校の先生が「労働者」として日教組に組織化されていったこととも多少相通じるようにも思う。このようにして、精神的な価値を求める若い人たちにとって、既存の宗教は次第に魅力を失ってしまった。

新興宗教の特色と危険性

もう一つ、既存の宗教について言えることは、長い歴史の中でその教えが体系化され、緻密で深い経典研究などはかなりの程度出来あがっているのだが、同時に、あまりにも完成されてしまっていることから、若い人たちがその教団に参加しても、新しい体験や生き生きとした活動をしている実感が持てないというところがある。そして何よりも、今自分が悩んでいるリアルな問題、精神的な飢餓感がすぐに埋まるような答えがそこにあるわけではない。もちろん、簡単に答えを与えるような教えが宗教として正しいかどうかは別だが、少なくとも、お寺や教会に行っても、自分が求めている答えはここにはない、何か昔からのありがたい教えをみんなが学んでいるに過ぎないという、どこか空しさを感じてしまう若者も多かったはずだ。

それに対し、新興宗教の場合、極端に言えば自分自身が「教祖」になることも可能だし、また、少なくとも若い教団特有の情熱と、今自分たちは新しい価値観を作り出しているのだという意識が強烈に存在している。一般のお寺は午後五時に門が閉じてしまっても、新興宗教の場合、そこには信者獲得という目的もあるのかもしれないが、先輩の信者が夜を徹して話を聞いてくれることもある。また、出家して共同生活を営んでいるような教団では、さらに強烈な、日本社会が失っていった共同体意識や精神的絆で結ばれている。そこに心からの満足と感動を得た若者が、ますますその教えにのめりこんでいくことは理解できる。

そして、新興宗教のもう一つの特色は、訪れた人の悩みに対し、明確な答えを与えてくれることだ。その答えが正しいか否かはその場では分からなくても、ある種のカリスマ性を持った教祖が、自分が長年考えてきた悩みに対し、真剣に向き合って答えを出してくれたときに、ある種の父親像、厳しいが信念を持った教師や人生の先達の姿（これもまた、六〇年代までは日本の実社会に確かに存在していた）をそこに見出すこともあるはずだ。

私はその意味で、新興宗教に入っていった人、そこでの教えを熱烈に信じ、また布教活動をしている人たちを、一部で批判するように「マインドコントロール」とか「洗脳」などというふうに決めつける気はない。少なくとも、彼らも、また新興宗教の教祖やリーダーたちも、時代の矛盾と精神的な空白感にこたえようと努力していることは確かだと思う。

しかし、私がいくつかの新興宗教の教えを読んでみると、確かに部分的には魅力的なことが書いてあるのだが、仏教、キリスト教、神道他、既存のさまざまな宗教のエッセンスを、まるでジューサーのように全てをごちゃまぜにしてしまっているものがいくつも見られた。私はちょっと戯画的に「宗教のちゃんこ鍋のようなもの」と例えたことがある。それぞれの宗教は、各地域の気候や風土、民族精神、伝統に深く根差しているもので、その書かれたものだけを取り出して、ただ魅力的なところだけを合わせても、立派な宗教ができるわけではない。

そして、信者に明確な答えを与え、教団の中で共同体を作り出していくのは、実は大変危険なことでもある。それはいつの間にか、信者が魅力的な教祖に絶対的に依存していき、自分に答えと生きがいを与えてくれた教団の共同体を聖化して、その外にある社会を敵視していくようなことに陥りかねない。また、教祖や教団の側も、組織的に大きくなっていけばいくほど、初期の純粋さを失い、また経済的に教団を維持することや、組織を守ることが目的化するようになる。その結果、堕落していくだけでなく、今度は信者を団結させたりさらに勧誘するために、世界が破滅する危機にある、この教団だけが救いだといった過激な極論が、まじめな教えよりも優先して説かれるようになり、最悪の場合はオウム真理教のように、自分たちの外の世界に対しテロを仕掛けるような危険なカルトになってしまう。

本当の宗教家

ここで私は、今でも忘れがたい日本の宗教家との出会いを書いておきたい。

ダライ・ラマ法王日本代表部の代表を私が務めていたときに法王が来日され、とある仏教系の大学で講演会が催された。そのときに学長先生が、「今日はとても高貴な、生き仏の象徴のような方を紹介します」という、まず一般的な形で法王を紹介したあとで、学生たちに対し「でも、ダライ・ラマ法王だからといって言うことをそのまま信じるんじゃないよ。君たちは、彼が何を言うのか、しっかり聞きなさい」と付け加えた。

私はこの時点で、あまり愉快な気分ではなかった。いや、正直に言えば、なんて無礼な人だとすら思った。そして、法話が終わったあと、学長は、今度は「大変素晴らしいお話でした」と丁寧に述べたのだが、控室に下がったあと、今度は法王に向かって、「どれどれ、君が持っているカバンをちょっと見せてみろ。何が入っているのか見たい」と言ってきた。

もちろん、チベット人が、法王に「君」などという言葉を使うことは絶対にありえない。もう私は真っ赤になって、法王に「申し訳ありません。これは私の言葉ではなくて、この人が言っていることをそのまま訳しますと断った上で通訳した。すると法王は、そのまま素直にカバンを渡した。すると学長はカバンを開けて「なるほど、余計なものは入っていないな」と言って返してきた。

私は帰りの車の中で法王に、「今日はとんでもない失礼なお坊さんに会わせて申し訳ありませんでした」と謝ったのだが、すると法王は「いや、あの方こそ本当に偉いお坊さんだ。仏教の世界では、先に比丘《びく》（僧侶）に出家した人のほうが先輩なのだから、一仏教徒の立場に立てば、私に『君』という言葉を使うのは正しい。そして、出家僧は、必要以上のものを持ってはならないのだから、私のカバンを見ようとしたのも当然だ。今日は本当のお坊さんに会うことができた」とおっしゃった。

私はこのときほど、法王という方の謙虚さを感じたことはない。そして、あとになってガンディーのことを学んだときに、ガンディーもまた、暗殺されたときに持っていたのは、眼鏡と、いつも身にまとっている服と、あとは数冊の本だけで、余計なものは何一つ持っていなかったことを知った。もちろん私たちが、みんなガンディーのようになれるわけでもなければ、あの学長のように堂々とできるわけでもない。そして法王のように、相手がどんな態度で接しても、冷静にその言葉が正しければ素直に受け入れる度量を持てるわけでもない。しかし、本当の宗教家、本当の偉人というのは、確かにこの世界に存在していて、私たちも、少しでもこのような人たちに近付けるように努力しなければいけないのだと信じる。

日本人は自国の伝統文化に自信を持て

現在、科学技術とそれがもたらす物質文明は、以前の私が信じられないところにまで進んだ。今の若い人が当然のように使っているコンピューターも、携帯電話やスマートフォンも、開発されているＡＩやロボットも、私が日本に来た一九六〇年の段階では夢物語やＳＦ小説の世界のものだったが、次々と実現しているし、それなくしては生活もできないくらいに一般的なものとなっている。その意味で、世界は本当に便利になった。しかし同時に、その便利さの影で失ったものは決して少なくない。例えばインターネットの発達によって、逆にそれを利用したさまざまな犯罪も起きている。

共にインド独立の指導者だったガンディーとネルーが、最初のうちはなかなかお互いに相容れなかったのは、ガンディーの持つある種の西洋近代文明に対する原理主義的な拒否の姿勢にあった。ガンディーはヒンドゥーの伝統と共に、トルストイなどの思想から学んだ、小さな農村共同体を基盤にした社会を理想にしていた。ガンディーの理想は、近代的な機械や文明はなくても、みんなが大きな欲望を持たず、お互い土地を共有して耕し、伝統的な信仰に根差した、自然と協調した生活を営むことであった。それは、ある種、前近代的なユートピアであった。

私も、本当は、そのような小さな社会でこそ、人間はお互いに信じ合い、物質的に貧しくても、本当は幸せな、静かだが充実した人生が送れるのではないかと思うこともある。ただ、世界全体は、西洋で産業革命が興り、物質文明と力による征服が始まってから、そのような小さな共同体を基盤とした国は生き残ることができなくなった。その意味では、ネルーやチャンドラ・ボースが考えたように、インドも近代国家として立ち上がるしかなかったし、日本が明治維新を起こしたのも、国家の独立を守るためだった。

しかし、現在のように、全ての人間が、会社に所属して、何のために役立っているのか分からない仕事をして給料をもらう生き方しか選べない社会、ＧＤＰの値や株が上がったか下がったかが人間の幸福に直結するという価値観、大国が地球どころか、宇宙まで征服しようと競争するような世の中が本当に正しいのだろうか。確かに、現在の社会を進めている歯車を止めることも戻すこともできないかもしれないが、そのスピードを少し緩めることくらいは人間にはできるはずだ。

アジアの小さな国であるブータンが、幸福度世界一の国として評価されたのも、国民の衣食住は足りていて、医療、教育などの恩恵は国民が等しく受け、そして伝統的な信仰や文化により社会が安定していることにあった。そこでの生活は日本やアメリカほど豊かではないかもしれないが、逆にホームレスはいないし、自分の人生、自分の時間と空間を、各自が主体性をもって生きていくことができる。そう考えると、先進国の人々は何を失ったかを、もっと深刻に考えるべきときに来ている。

科学技術は、本来は人間を幸福にするために進歩、発達してきたはずなのだが、その使い方や目的を間違えれば、大変な悲劇をもたらしてしまう。それを防ぐ、人間の可能性と共に限界を知ること、科学の力をコントロールすること、それが宗教の目的の一つだったはずだ。その意味で、現在の宗教家たちは、仏教であれキリスト教であれイスラム教であれ、また、新興宗教であれ、現在の物質文明、そして消費社会、豊かさを追い求める経済システムに対し、自分たちが何ができるかをよく考えてほしい。

優れた宗教は全て、人間のエゴを捨てることを説いている。常に「私」の利益、「私」の権利、「私」の主張、「私」の信念だけを唱えているような人間は、実は自分自身を狭くしているだけだ。「私」というのは、この世界の全体を考えて、初めて見えてくるもののはずだ。そのとき、この「私」を超えた価値観、超えた存在に思いをいたすこと、それが宗教の始まりであったはずだ。

優れた科学者、例えばアインシュタインのような人は、最終的には、宗教的な世界観に接近していく。実はインドのヨーガや瞑想、チベット仏教の教えも、一九六〇年代以後、むしろ物質文明に行き詰まった欧米で、多少の誤解はあったかもしれないが受け入れられていった。日本もまた、その伝統文化は素晴らしいものが多いのだから、もう少し自信を持って、世界に日本的な価値観を広めていくような努力もこれからは必要だと思う。

今こそ「おかげさま」精神の復権を

その意味で、日本が今こそ復権すべき価値観こそが、私が第一章で述べた「おかげさま」の思想であるはずだ。

「おかげさま」の思想について、私はこれまでも別の著書で何度か触れてきた。「おかげさま」の思想とは、人間も社会も助け合うこと（相互扶助、相互協力）によって成り立っているというものだ。そこには、「私」や利己主義を超え、また主義主張の違いを超え、最終的には、国家や民族の価値観を大切にしつつも、お互いが国際的に協力し合える世界を作るために必要な精神が宿っているはずだ。

私は共産主義に対する激しい批判者の一人であるが、同時に、欲望が全てにおいて優先される残酷な資本主義社会から社会的弱者を守り、社会のモラルを守ろうとする点では、例えば習近平が最近言っている腐敗根絶や、さまざまな社会への規制についても、その全てが間違っているとは思わない。むしろ、かつての自民党は、社会党や共産党が言っていた労働者の権利や福祉の充実、環境の改善、企業の暴走への批判などを、ある意味「いいとこ取り」で取り入れるような柔軟な姿勢があったからこそ、安定した社会を作ることができた。その意味で、私が今の自民党に危ういものを感じるのは、そのような姿勢がだんだん希薄になっているのではないかと思えるところだ。

だからこそ「おかげさま」精神の実現は、政治家だけに任せるわけにはいかない。国民一人ひとりが、法律や上からの命令はなくても、思いやりの心、相手を尊重する心を持つことが必要となる。その意味で繰り返すが、宗教家の果たすべき役割はとても大きい。

現在、年金暮らしのお年寄りが社会の負担であるかのように言う人がいるが、お年寄りは、今まで懸命に働いて、国に税金を納めてきた。この人たちには、十分に恩恵を受ける権利があるし、お年寄り自身がもっと自信を持って生きることができる社会でなければ、今の若い人もいずれ不幸な晩年を迎える。素直にそう考えられること、これも「おかげさま」精神なのだ。

そして、政治家以上に、官僚にこそ「おかげさま」精神が必要だ。法律だけで全てが解決できるはずがないのに、日本では、年金制度にせよ、さまざまな社会の契約や取り決めが、虫眼鏡でも使わなければ読めないような文書になっていることが多く、そこに書いてあることに少しでも逆らっていたり、内容を理解していなければ何を言っても受け入れられないことがしばしばある。これは言い過ぎかもしれないが、詐欺師が人を騙すときのやり方に近い。

私は政治や法律について学生に教えるときによく言うのだが、六法全書を読んで暗記するなどはしなくてもいい。そんなことは、優秀な弁護士でもどこまでできることか分からない。人間社会を維持するために必要な法律は、例えばモーゼの十戒にも、仏教の簡単な教えの中にも、すでに全部書かれている。逆に言えば、そのような宗教の中の普遍的な価値観を、現実に合うように細かく文章化したものが法律なのだ。だからこそ、法に基づいて仕事をする官僚や弁護士は、法律を理解するだけでなく、そのもとになる宗教的価値観をきちんと理解し、社会的弱者を助け、社会的な正義を実現すべきである。そして、日本においては「おかげさま」の精神を持たなければ、そのような仕事はできないはずだ。

その意味で、公職に就く人全ては、ある意味「聖職者」として、それは偉い存在だという意味ではなくて、崇高な理念を持って、国民と社会に奉仕しているのだという意識を持って仕事をしてほしい。しかし現実には、聖職者という言葉は使われなくなったのに、何か、自分が小さな権力者であるかのような態度をとり、上から目線で国民に接する官僚が増えてきたように思う。

経団連会長を務めた土光敏夫氏、綜合警備保障を創設した村井順氏、そして松下電器の松下幸之助氏といった昔の経済人たちも、単に自分の企業の成長だけを考えず、経済活動を国家全体の利益にすること、社員を共同体の一員として守ることを常に意識してきた。かつての日本型経営が、どれほど国民の幸福に貢献したか、社会主義の良い面を取り入れて、同時に経済成長を実現したかを思えば、戦後の優れた経済人の日本型経営こそ「おかげさま」精神の最良の表れの一つと言えるだろう。

例えば松下電器の社是は「雇用の完全確保」と「社会貢献」だった。「会社の利益追求はこの目的を果たすための手段に過ぎない」という姿勢は、経済人であるとともに、ある意味、宗教家、また、哲人政治家ともいうべきものだった（現在の松下電器はリストラに踏み切り、この社是を残念ながら失いつつある）。同時に松下氏は松下政経塾を作り、企業利益を注いで、若い有志の政治家を育てようとした。しかし、一部を除いて、その政治家たちはパフォーマンスや弁論のみ得意で、松下精神を引き継いでいるようには見えない。これもまた、時代の変化がもたらした悪しき例ではないだろうか。

人材を生かす「おかげさま」精神

「おかげさま」の精神は、ただ人々が助け合うというだけではなく、それぞれの立場の人が、社会のために役割をしっかりと果たすという姿勢によって支えられる。その意味で言えば、日本政府がいろいろな諮問機関を作るときや、政治家がブレーンなどを構成するときに、自分の周囲の仲の良い人たちや、場合によっては、著名な政治家や権力者にすり寄りたがるような人物を登用する傾向があることには問題がある。

例えばインドの場合、もしかしたら英語も書けないし、場合によっては靴も履かないかもしれないような無名の人物が、重要なポストに就くこともある。その人物の経験や特殊な知識が必要だからである。日本の場合は、あやふやな基準の「有識者」という、単に本が流行して売れていたり、テレビやマスコミに重用されているような人物が優先される傾向があるが、例えば医療問題について考える機関には、癌患者だった人や障碍者《しょうがいしゃ》を加えて、その人の貴重な経験を語ってもらうことは大切なことだし、社会福祉や厚生労働の問題であれば、ホームレスを体験した人から、政治家や官僚には考えも及ばない経験や提言を聞くことができるかもしれない。難民問題、移民問題だったら、実際の難民から話を聞くと共に、将来的には、難民出身の人が大使館や外務省で働くことも、世界の難民問題に対策を講じる上では有効なことだ。私のような人間でも、対中国問題や、移民、難民の問題ならば、体験者として語れることはある。そして、北朝鮮の拉致問題についての対策本部には、公的な場では伏せてもいいが、秘密裏に、実際に北朝鮮から帰ってきた拉致被害者の方にも、ぜひ参加して意見を述べてもらうべきだ。

諮問機関やブレーンは、何かを決定する機関ではない。だからこそ、さまざまな立場の人に入ってもらうことが、日本を情報力においても、国そのものの知識においても、高めることにつながる。日本は、かなりの豊かな人材を持っているし、さまざまな経験をしてきた人が各世代にいるのに、それを十分に生かしていない。たとえ無名の人物の少数意見であっても、そのような人たちが政策に関する提言をすることは、それぞれが社会的役割を果たす「おかげさま」精神の発露だ。

国際社会に必要とされる「おかげさま」精神

この「おかげさま」精神は、今こそ、国際社会においても必要になってきている。いや、私には、この精神を行き渡らせなければ、国際関係はテロと暴力の連鎖から抜け出せないのではないかとさえ思える。

これまでの国際社会は、軍事力や経済力によって安定や平和を得ようとしてきた。同盟、安全保障、中立などさまざまな条約、または功利的な相互依存などによってである。しかしそれだけでは、世界平和は実現しないことが誰の目にも明らかになっている。

例えばアメリカはこれまで「悪」を倒すことによって正義と平和を実現しようとしてきた。だがそれにより起きたものは、アメリカの正義を受け入れない国や民族との果てしないテロと戦争だった。だからといって中国のように、力だけで他者を征服して訪れる「平和」が正しいはずもない。悪に立ち向かう力と意志は必要だが、それ以上に国際社会で必要な価値観は「愛」と「慈悲」であり「おかげさま」精神である。私は特に「愛」よりも、仏教では大切な精神として位置付けられる「慈悲」こそが、これからの国際社会に大切なものだと信じるし、この「慈悲」は「おかげさま」精神と極めて共通するものを持っている。

「慈悲」とは簡単に言えば、不幸な人の「悲」しみに対して、純粋にその人の身になって同情する心をもって「慈」しむ、つまり、その解決のために行動し、何とかしてその苦しみや不幸の原因をなくしてあげようという、積極的な意志を指す。「愛」が、観念だけで成り立つのと違い、「慈悲」は、行動を伴って初めて成立する。

仏陀の時代も、インドでは小国が乱立して争い、戦争と、それがもたらす飢餓や貧困が社会に蔓延していた。その中で、苦行や学問だけで現実の外に超然と立つのではなく、自ら人々の中に降り立って法を説く仏陀の姿こそ「慈悲」を体現するものであり、この姿勢は国際社会に最も必要なものだ。

「おかげさま」精神が、言葉だけではなく、世界の中で己の役割を果たし、人々の、そして今後は国家同士の相互扶助、相互協力を求めるものであるならば、この慈悲の心と大いに共通するはずだろう。

「おかげさま」精神は、相手の権利や存在を認め合う。たとえ民主主義という、現在のところ普遍的と思える政治制度であれ、それを強制しては反発を買うだけだ。お互いを必要としつつも、自分の基準を他人に押し付けない姿勢、ただし、相手の権利や存在を認めない（中国がチベットやほかの民族に行っているような）態度は、おかげさまの精神に反するものとして糾していく。国際社会で日本がリーダーシップを取るためには、単に経済的に貢献するだけではなく、このような精神の提言を伴わなければならない。

国連を「おかげさま」精神で改革せよ

現実の国際社会、特に国連は、現在の日本国憲法同様、設立から時間が経ち過ぎて、すでに時代に合わない面が多々出てきている。このたびアメリカ合衆国とイスラエルがユネスコから脱退することとなったが、それは、ユネスコがパレスチナ問題に関し、政治的中立を失った行動を取ったことに対する抗議の行動であった。アメリカは以前、一九八四年にも一回脱退しているので、私は特に驚きはしなかった。むしろ、これをきっかけに、国連がより良いものに生まれ変わっていくことを望んでいるし、その意味で日本は国連改革の先頭に立つべきだ。

そもそもユネスコは諸国民の教育、科学、文化の協力と交流を通じて国際平和と人類の福祉のために貢献することを目的とした国連の専門機関である。世界五〇数カ所に事務所を構え二千人の職員が働いている。加盟国もほぼ国連加盟国と同数で一九〇数カ国が参加している。

この機関で働いている職員は国際公務員として認められており、出身国などの特定の国家の利益のためではなく、所属する機関及び国際社会の共通の利益のために中立の立場で働くことが求められる。しかしこの機関はユネスコの憲章とは裏腹に、過去に旧ソ連の影響が大きいということで問題になったことがある。このときアメリカはユネスコを脱退し、分担金の拠出を停止した。

ユネスコ憲章の目的は世界の諸国民に対し、人種、性別、言語、宗教の差別なしに正義と法の支配、及び基本的な自由に対する普遍的な尊重を助長するために、教育や科学及び文化を通じて諸国民の間の協力を促進することによって、平和及び安全に貢献すること、となっている。

だが近年、事務局長のイリナ・ゲオルギエヴァ・ボコヴァは中立の立場を守らず、特定の国や思想に傾斜する向きが目立った。中国の一方的な申請に応じて南京事件を登録したこともその一例であり、潘基文前国連事務総長同様、中国の抗日戦争・世界反ファシズム戦争勝利七〇周年記念式典にも参列している。これらの行為は国際公務員としてあるまじき不当な行動で、かつユネスコ憲章そのものに反している。従って今回のアメリカの脱退は正当であり、ユネスコは責任を問われるべきと考える。次期事務局長に選出されたフランスのオードレ・アズレ前文化大臣にはぜひ失われた信頼を回復できるような公正公平な姿勢で取り組んでほしいと心から願うものである。

ユネスコのみならず国連そのものを見直す時期に来ている。一九四六年に五一カ国から始まった国連も今や一九五カ国に膨らみ、五つの常任理事国による拒否権の発動は人類の繁栄と世界平和に貢献するというよりも、常任理事国の国益追求の象徴的な道具と化し、国連の機能を低下させる要因にもなっているのではないだろうか。

しかし、単に国連を批判し脱退するだけでは、中国の影響力がますます強まることを座視することになりかねない。それは、二〇四九年までに世界のリーダーになると言明した習近平の「中華大夢」の具現化に利用されてしまう。今、日本が行うべきことは、国連を「おかげさま」精神によって改革していくという提案である。

環境問題を「おかげさま」精神で解決する

私たちは今、資源をどう使うかということを地球規模で考えなければならない時代に来ている。例えば石油エネルギーについては、日本やアメリカ、ヨーロッパ、中国など、いわゆる先進国や大国が世界全体の七割以上を使っているはずだ。だからこそ、先進国の国民こそ、自分たちが享受している便利で豊かな生活の裏で、犠牲になっている人たち、貧しさや飢餓に苦しんでいる人たちがいるかもしれない、ということに想像力を働かせなければならない。少なくともこれまで国連が一定程度果たしてきた役割、世界の伝染病問題、食料問題、人種差別の撤廃、環境問題への取り組みなどは、全て「おかげさま」精神とつながることである。これらの役割を充実させ、さらに民族紛争や、それによって生じる難民問題にもっと国連が機能できるように日本が力を貸すことが、「おかげさま」精神を具体的に世界に広げることにつながるだろう。

そして、この環境問題については、日本が古来から信じ、今も民族の伝統精神に深く根差している神道が、新しい世界の価値観としてよみがえる可能性がある。特に戦後日本では、神道が単なる儀式、ひどい場合は迷信のように語られたり、戦争がまるで神道によって引き起こされたかのように批判する知識人までいた。しかし、戦争を起こした宗教と言えば、キリスト教の名のもとに行われた戦争も、現在、イスラムの名のもとに行われているテロも存在する。それは信仰そのものの問題ではなく、それを誤用し利用した人間の側の問題である。

チベットも仏教以前に、ボン教という土着のアニミズム、自然を崇拝し、そこに神の姿を見る宗教があった。これは私の信仰する、チベット仏教ニンマ派にも実は強い影響を与えているのだが、神道もまた、古代日本人の精神を最もよく引き継いだ、自然崇拝、山にも、森にも、そして動物や植物にも、それぞれ神が宿っているという信仰である。キリスト教以前のヨーロッパにも、またアフリカにも、東南アジアにも、そして中国にもまた、それぞれの土地や民族によって形は変わっても、そのような、人間、自然、そして神が一体となった世界観が存在したはずだ。

この世界観によれば、愛も、慈悲も、人間社会だけに通用するものではない。自然環境が破壊されることは、それは人間にとって危機であるだけではない。人間も自然も、「おかげさま」でそれぞれが生かされているからこそ、自然の動物も、植物も、人間同様にかけがえのない存在であるからこそ、環境は破壊されてはならないのだ。

この視点を今、最も強く打ち出せるのは、日本のほかにないと言ってもよい。日本はその美点が他国によって破壊され、時には自ら破壊してしまったかもしれない。しかし、まだどの町にも村にも、神社とそれを守る森が存在する。日本人の最も大切な原点がそこに形として残り、その全ての象徴として、二六〇〇年以上も続く皇室が、日本の文化的、精神的中心にある。

本章で触れたガンディーの理想とした、小さな村の中での、信仰に根差した、物欲と無縁な生き方、それは、神社にお参りする日本人の精神の中に、本人が気づかずとも宿っているはずだ。それは最も原始的で、かつ、自然の一部としての人間の生き方なのだ。「おかげさま」精神の原点は、この、神社に向かって手を合わせる姿勢の中にこそあるのだろう。

おわりに

　最近見たＮＨＫの番組に、有名な作詞家の秋元康氏が出演していて、とてもいい話をされていた。彼がしていたのは、こんな主旨の話だった。

「人生において最も大切なのは出会いである。自分自身が直接体験できることはそれほど多くはないのだから、自分が出会った多くの人たちの経験や、その人たちの生き方などからいろいろなものを学び、それを生かしてきた。欧米や、日本の美空ひばりなどの有名なアーティストとの出会いはもちろん、これまでテレビ番組の制作などを通して出会ってきたさまざまな人たちとの交流は、私にとって良き学びの場となった」

　そのとき私は、自分の人生においても、全く同じことが言えると感じた。私も、少年時代に私を迎えてくれた日本の素晴らしい人たち、さまざまな学問上の恩師、チベットのために活動してくれた人々との出会いから、多くのことを学ばせていただいた。

　かつて、佐藤栄作首相が辞任する直前に、マスコミに対して、「もう私は君たちにはしゃべらない。直接テレビで国民に向けてしゃべる」と強い決意をもって発言されたが、その佐藤首相の政治家としての生き方は、今も強く印象に残っている。

また、日中国交正常化と、その後の政局や中国の動きは、ある意味、私にとって、国際政治、外交を学ぶ上でこの上ない勉強になった。

秋元氏のような、エンターテインメントの世界に生きている人の中にも、他者への深い感謝「おかげさま」精神が宿っていることを知って、私は大変うれしかったし、彼がアーティストに刺激を受けたように、私もさまざまな出会いと経験から、日本や国際政治について学ぶことができた。

そこで学んだことを、本書によって多少なりとも読者の皆様に伝えることができたなら、そして、それぞれの人生の中で、そしてこれから日本を、世界を、より良くしていくために役立つヒントのようなものを提供できたのなら、これ以上の喜びはない。

◆著者◆
ペマ・ギャルポ（Pema Gyalpo）

1953年、チベット・カム地方のニャロンに生まれる。1959年、中国軍の侵略によりインドに脱出。1965年、日本に移住。1976年、亜細亜大学法学部卒業。1980年、ダライ・ラマ法王アジア・太平洋地区担当初代代表。
現在、拓殖大学国際日本文化研究所教授、桐蔭横浜大学客員教授、チベット文化研究所所長、アジア自由民主連帯協議会会長。2005年、日本に帰化。
主な著書に『チベット入門』（日中出版）、『「国」を捨てられない日本人の悲劇』（講談社）、『立ち上がれ日本! 目醒めよ、麗しの国』（雷韻出版）、『中国が隠し続けるチベットの真実 仏教文化とチベット民族が消滅する日』（扶桑社）、『日本人が知らなかったチベットの真実』（海竜社）などがある。

編集協力：三浦小太郎

犠牲者120万人　祖国を中国に奪われたチベット人が語る
侵略に気づいていない日本人

平成30年 2月15日　第1刷発行
平成30年 4月24日　第4刷発行

著　者　ペマ・ギャルポ
発行者　日高　裕明
発　行　株式会社ハート出版

〒171-0014 東京都豊島区池袋 3-9-23
TEL.03(3590)6077　FAX.03(3590)6078
ハート出版ホームページ　http://www.810.co.jp

定価はカバーに表示してあります。

ISBN978-4-8024-0046-6　C0031

印刷・中央精版印刷株式会社

大東亜戦争は日本が勝った

英国人ジャーナリスト ヘンリー・ストークスが語る「世界史の中の日本」

ヘンリー・S・ストークス 著　藤田裕行 訳・構成

ISBN978-4-8024-0029-9　本体1600円

朝鮮出身の帳場人が見た慰安婦の真実

文化人類学者が読み解く『慰安所日記』

崔 吉城 著

ISBN978-4-8024-0043-5　本体1500円

日本が忘れ韓国が隠したがる
本当は素晴らしかった韓国の歴史

松木 國俊 著

ISBN978-4-8024-0045-9　本体1500円

アメリカ人が語る　日本人に隠しておけないアメリカの崩壊

元海兵隊著者の警告

マックス・フォン・シュラー 著

ISBN978-4-8024-0041-1　本体1500円

マッカーサーの呪い　永久革命の種

今なおアメリカの罠に嵌まったままの日本

青柳武彦 著

ISBN978-4-8024-0049-7　本体1600円

竹林はるか遠く
続・竹林はるか遠く

ヨーコ・カワシマ・ワトキンズ 著&監訳　都竹恵子 訳

ISBN978-4-89295-921-9、978-4-89295-996-7　本体各1500円